성령의 불을 받은 60일 영성일기

성령의 음성 듣기와 치유간증

이안나 지음

예찬사

추천의 글

영성훈련을 시작한지 4개월째에 하나님의 음성을 들었습니다. 그 당시 이안나 목사에게는 5살, 3살, 1살짜리 세 아들이 있었습니다. 7군데의 세탁소 옷 수선을 해야만 했고, 하숙하는 학생을 돌봐야 했으며, 교회를 개척한 남편 목사를 보조해야만 했습니다.

그러한 바쁜 와중에서도 이안나 목사는 영성훈련에 임했고, 급기야 4개월 만에 하나님의 음성을 들을 수 있었습니다. 하나님의 음성을 들을 때까지의 4개월간의 영성훈련 과정을 이 영성일기를 읽으면 생생하게 알 수 있습니다.

영성일기를 세상에 공개하는 것은 은사 받은 것을 자랑하기 위해서가 아닙니다. 누구든지 사모한다면 하나님의 음성을 들을 수 있고 힘들고 어려운 상황이라 할지라도 영성훈련을 할 수 있음을 보여주기 위함입니다.

누구든지 저자처럼 하나님의 음성을 들을 수 있습니다. 그 이유는 단한 가지, 우리는 하나님의 자녀이기 때문입니다. 자녀라면 마땅히 아버지의 음성을 들을 수 있어야하지 않겠습니까?

영성일기를 세상에 공개하기까지의 귀한 결심을 해 준 이안나 목사에게 진심으로 감사를 드립니다.

아무쪼록 이 영성일기를 통해 많은 사람들이 하나님과 함께 동행할 수 있게 되기를 바라며, 더 나아가 하나님의 음성을 듣게 되길 소원합니다.

데이빗리 목사

들어가는 글

먼저 60일 영성일기를 쓰게 하신 하나님께 감사를 드립니다. 이 글을 여러분께 보이는 이유는 결코 저를 자랑하기 위함이 아닙니다. 오직 하나님의 영광만이 드러나기를 간절히 바랄 뿐입니다.

저는 믿음의 가정에서 태어났습니다. 부모님은 목사님으로, 30년 동안 한 교회를 개척하고 섬기셨습니다. 교회사택에서 생활하면서 저는 자연스럽게 교회와 가까워졌고, 신앙생활도 즐겁고 열정적으로 해왔습니다.

그러나 결혼 후, 아이가 생기면서 상황이 달라졌습니다. 교회생활은 점점 멀어졌고, 제가 가장 사랑했던 성가대도 할 수 없었습니다. 찬양팀에서 노래하는 것도, 심지어 예배에 참석하는 것조차 어려워졌습니다. 그렇게 제 안에 있던 모든 영적인 힘이 빠져나가는 듯한 공허함이 찾아왔습니다.

그럼에도 부흥회나 뜨거운 집회에 참석하면, 마치 다시 살아난 듯 영적인 기운이 되살아나는 경험을 하곤 했습니다. 그래서 저는 예전처럼 교회 모임에 적극적으로 참여하고 봉사하면 자연스럽게 영성이 회복될 것이라고 믿었습니다.

그러나 그것은 착각이었습니다. 영성은 단순히 교회 활동을 많이 한다고 해서 회복되는 것이 아니었습니다. 신앙의 본질은 더 깊은 곳에 있었습니다.

이 글은 제가 직접 경험한 영성 훈련의 과정과 방법을 나누기 위해 씁니다. 만약 여러분이 이전의 믿음을 가졌지만, 더 깊은 신앙의 경지에 이르지 못했다고 느낀다면, 이 글이 분명 도움이 될 것입니다. 혹시 여러분이 모태신앙인이라면, 이 글을 반드시 읽어보시길 권합니다. 그리고 자녀를 양육하느라 영성 훈련에 집중하지 못하고 있다면, 제 경험이 여러분께 희망과 방향을 제시할 것입니다. 왜냐하면 저 역시 그러한 시간을 지나왔기 때문입니다.

이 글은 일기 형식으로 기록되었습니다. 사실 처음 영성 훈련을 시작했을 때는 일기를 써야겠다는 생각조차 하지 못했습니다. 그런데 성령의 불이 제게 임하던 어느 날, 성령님께서 남편을 통해 모든 영성 훈련의 과정을 기록으로 남기라고 말씀하셨습니다. 그래서 앞부분은 시간의 간격이 다소 넓지만, 성령님께서 지시하신 그날부터는 매일같이 빠짐없이 기록하였습니다.

어쩌면 여러분도 저처럼 영성 훈련을 시작하면서 일기를 쓰면 귀한 신앙 여정의 기록이 될 것입니다. 그리고 그 과정 속에서 신령한 하나님의 영광을 깊이 체험하시기를 바랍니다. 할렐루야!

이안나 목사

차례

제1부 성령의 불을 받는 60일 영성훈련

2007년 12월 28일(금) 성경구절을 암송해야겠어! — 13

2008년 1월 2일(수) 하나님의 음성을 어떻게 들을 수 있나? — 16

2008년 1월 3일(수)~14일 남편에게 순종하라-보혈을 뿌리기 — 18

2008년 1월 15일(화)~1월 30일 꿈에서 회개할 죄를 알게 하셨다 — 22

2008년 1월 31일(목) 기도 쉬는 날의 영적 공격 — 24

2008년 2월 1일(금) ~ 2월 14일(목) 하나님의 음성을 듣기 시작하다 — 27

2월 15일(금)~2월 29일(금) 신유의 능력은 사랑에서 나온다 — 29

3월 1일(토) ~ 3월 6일(목) 영적전쟁이 벌어지는 소리를 듣다 — 32

2008년 3월 7일(금) 성령님, 어떤 말씀을 전할까요? — 34

2008년 3월 8일(토) 환난을 당하나 담대하라 — 36

2008년 3월 9일(주일) 성령의 불을 전이하다 — 37

2008년 3월 10일(월) 성령의 불을 받고 걷기 시작하다 — 39

2008년 3월 11일(화) 보혈 찬양으로 영혼이 살아나다 — 43

2008년 3월 12일 새벽 (수) 성령님의 큰 권능이 임하는 체험 — 46

2008년 3월 13일(목) 정결해진 징표를 받다 — 49

2008년 3월 14일(금) 하나님의 영광이 임하는 체험 — 51

2008년 3월 15일(토) 자매에게 성령의 불을 전이하다 53

2008년 3월 16일(주일) 예배 중에 성령의 불과 임재를 경험하다 55

2008년 3월 17일(월) 교회재정관리는 성령의 지시대로 57

2008년 3월 18일(화) 교회재정관리 문제로 실족하다 59

2008년 3월 19일(수) 보혈의 능력을 체험하다 61

2008년 3월 20일(목) 책을 읽으면서 기름 부음이 스며들다 63

2008년 3월 21일(금) 기도 중에 기름 부음이 임하다 65

2008년 3월 22일(토) 기도 중에 귀가 꿈틀거리는 의미는 66

2008년 3월 23일(주일) 불을 전하는 사역자가 되리라 67

2008년 3월 24일(월) 네 귀로 영 분별이 가능하다 69

2008년 3월 25일(화) 캘리포니아로 떠나라 71

2008년 3월 26일(수) 아내가 두려워하지만 괜찮을 것이다 73

2008년 3월 27일(목) 믿음과 순종으로 결단하다 75

2008년 3월 28일(금) 이웃과 송별의 식사를 나누며 불을 전하다 76

2008년 3월 29일(토) 양부모님을 찾아뵙고 기도하다 78

2008년 3월 30일(주일) 정신적 장애인이 불을 받고 운전시험에 합격하다 81

2008년 4월 1일(화) 불을 받고 분노를 절제하다 84

2008년 4월 2일(수) 라스베가스에서 악령의 공격을 받다 87

2008년 4월 3일(목) 아버지의 상처 때문에 기도하다 90

2008년 4월 4일(금) 기도한대로 이사 갈 집을 주셨다 93

2008년 4월 5일(토) 남편의 기도로 발목을 치료받다 97

2008년 4월 6일(주일) 어머니와의 영적 전쟁 100

2008년 4월 7일(월) 성령님께서 기도할 공간을 알려주시다 103

2008년 4월 8일(화) 방언이 한 단계 올라가다 106

2008년 4월 9일(수) 기도 중에 하나님의 큰 영광을 보았다 108

2008년 4월 10일(목) 남편을 성령의 불을 전하는 자로 세우시다   110

2008년 4월 11일(금) 하나님의 음성을 들을 수 있다는 사인   113

2008년 4월 13일(주일) 잘못된 예언을 받다   116

2008년 4월 14일(금) 사탄이 공격하지 못하도록 막고 있을 때의 통증   120

2008년 4월 15일(화) 영 분별력을 강화시켜주시다   123

2008년 4월 16일(수) 세탁소 일자리를 허락하시다   125

2008년 4월 17일(목) 일하면서 하나님께 집중하기   129

2008년 4월 18일(금) 일하면서 하나님께 집중이 안 될 때   131

2008년 4월 19일(토) 쇼핑 중에 마귀의 공격을 받다   133

2008년 4월 20일(주일) 성막기도를 시도하다   135

2008년 4월 21일 (월) 기도실에서 하나님의 영광을 체험하다   138

2008년 4월 22일 (화) 치통을 기도로 치료해주시다   139

2008년 4월 23일 (수) 하나님께 집중하면서 일하게 해주세요   141

2008년 4월 24일 (목) 영의 기도를 드리게 하옵소서   143

2008년 4월 25일 (금) 하나님의 음성을 듣게 하옵소서   145

2008년 4월 26일 (토) 나의 생각과 의지를 내려놓습니다   147

2008년 4월 27일 (주일) 영어 찬양, 놀랍네요   148

2008년 4월 28일 (월) 산만의 영은 예수의 이름으로 떠나갈지어다   153

2008년 4월 29일(화) 하나님께 집중하게 하옵소서   155

2008년 4월 30일(수) 하나님의 음성을 듣다   156

제2부 주님과의 친밀한 대화

1. 주님이 나를 위해 와 주셔서 감사해요(2020.12.24.)   161
2. 광야를 지나 가나안으로(2021.03.05.)   163
3. 간구하지 말고 나와 대화하자(2021.04.20.)   165
4. 마음과 목숨과 뜻을 다해(2021.05.12.)   168
5. 넉넉한 자가 되라(2021.06.06.)   171
6. 선악과(2021.08.27.)   174
7. 주의 나라가 임하소서(2021.11.20.)   178
8. 기적을 일으켜 주신 하나님(2021.12.17.)   180
9. 주님의 사랑은?(2022.03.13.)   182
10. 내 소유를 다 팝니다(2022.03.25.)   184
11. 누가 죄인인가?(2022.04.01.)   188
12. 먹고 사는 게 문제예요(2022.06.25.)   191
13. 뭐가 보여야 믿죠(2022.07.07.)   196
14. 의인들의 길과 악인들의 길(2022.07.09.)   199
15. 나는 영석 바리새인이었습니다(2022.08.12.)   203
16. 충만함을 알 수 있는 척도(2022.12.20.)   208
17. 기쁨과 감사가 넘치는 추수감사절(2023.11.20.)   210
18. 사울의 가문은 왜 망했을까?(2024.01.04.)   212
19. 하나님 언제까지 입니까?(2024.05.10.)   214
20. 나 주님이 필요해요(2024.05.20.)   216
21. 능력을 부인하는 자(2024.05.29.)   218
22. 말씀에 순종하여 요단강으로 들어갑니다(2024.06.03.)   221
23. 넘치게 하시리라(2024.06.28.)   225

24. 낮아짐의 은혜(2024.10.02.)	227
25. 무엇이 죽는 것인가요?(2025.01.21.)	230
26. 새 사람을 입으라(2025.01.25.)	232
27. 구분하는 것이 판단이다(2025.03.12.)	235

제3부 성령의 불로 치유한 간증들

1. 미국인에게 불을 전하던 날	241
2. 기도원에서 잃어버린 능력을 회복하게 하시다	244
3. 권사님의 회개의 눈물	248
4. 큰 집회에서 일어난 일	252
5. 불면증 권사님을 치유하다	257
6. 어떤 목사님을 내적치유하다	260
7. 어떤 사모님을 내적치유하다	264
8. 중언부언 하지 말라 하신다(J 목사님과 상담)	269
9. 귀신이 쫓겨 나가다 (H 집사님 축사)	272
10. E 목사님의 내적치유	276

제1부
성령의 불을 받는 60일 영성훈련

2007년 12월 28일 (금) 성경구절을 암송해야겠어!

남편이 어느 날 교회에 다녀온 후, 예상치 못한 말을 꺼냈습니다.

'성경구절을 암송해야겠어!'

그리고는 갑자기 성구를 외우기 시작했습니다. 그 모습을 지켜보며 저는 적잖이 놀랐습니다. 왜냐하면 그때까지 우리 부부는 매일 TV와 비디오에 빠져 살고 있었기 때문입니다. 하루 일과의 대부분을 스크린 앞에서 보내며, 지친 마음을 위로받고 있다고 착각하며 살았습니다.
'남편은 성경 1000구절을 암송했다고 하셨다.'

3년 전, 우리는 큰 기대를 안고 교회를 개척했습니다. 그러나 현실은 녹록하지 않았습니다. 교회는 좀처럼 부흥되지 않았고, 우리 부부는 깊은 좌절감에 빠졌습니다. 특히 남편은 목사 안수를 받은 직후, 하나님께서 큰 능력을 나타내실 거라는 기대를 품고 미국에서 가장 영적으로 척박한 땅, 덴버를 선택했습니다. 물론 그 선택은 제 의지와는 상관없는 일이었습니다. 저는 단지 남편을 사랑했고, 그의 결정을 반대하지 않았을 뿐입니다.

덴버에 와서 남편은 정말 많은 일을 벌였습니다. 가장 먼저 '콜로라도 한인 합창단'을 조직해 큰 반향을 일으켰습니다. 덴버 최초의 한인 합창단이었고, 교민들의 뜨거운 환영 속에 역사를 만들어갔습니다. 또 방송 사역을 시작하여, 믿지 않는 사람들을 위해 '행복의 나라로'라는 방송 CD를 제작하고, 믿는 이들을 위해 '이 믿음 더욱 굳세라'라는 CD도 만들어 나누어 주었습니다. 많은 이들이 감동했고, 호응도 컸습니다.

그뿐만이 아니었습니다. '패밀리 아카데미'를 세우고, 영어와 컴퓨터를 무료로 가르쳤습니다. 무려 3년 동안이나 이 일을 지속하면서 수백 명의 사람들과 교류하며 은혜를 나누었습니다. '패밀리'라는 잡지도 만들어 매달 배포했고, 매주 정성껏 설교 CD를 제작해 전달했습니다.

하지만, 정작 교회는 부흥하지 않았습니다. 시간이 흐르자 남편은 점점 지쳐갔고, 마침내 모든 열정을 잃었습니다. 우리는 하나님의 일을 한다고 했지만, 사실은 인간의 능력으로 밀어붙였던 것입니다. 그 후 남편은 하나님께 분노하기 시작했습니다. 심지어 원망과 저주, 욕설까지 퍼부었다고 고백했습니다. 저에게도 날카로운 언어와 분노가 쏟아졌습니다. 교회를 개척하고 나서부터 그의 성격은 예민하게 날이 서 있었고, 저는 그로 인해 깊은 상처를 입었습니다.

남편은 덴버가 싫어진다고 했습니다. 그리고 저도 마찬가지였습니다. 우리의 삶에서 의미란 사라졌고, 하루하루를 그저 버티는 날들이었습니다. 어느 순간, 사랑스러웠던 세 자녀마저 짐처럼 느껴질 때가 있었습니다. 남편의 계획에도 자주 반대하게 되었고, 우리는 생계를 위해 하루하루 힘겹게 일해야 했습니다.

그러다 보니 찾게 된 것이 한국 TV와 영화였습니다. 우리는 매일같이 그것들을 보며 현실에서 도망치듯 지냈습니다. 처음엔 남편과 함께 무언가를 한다는 사실이 좋기도 했습니다. 그러나 그마저도 오래가지 않았습니다. 점점 지겨워졌고, 더 이상 재미도 없었습니다. 우리는 습관처럼 TV 앞에 앉아 있었을 뿐이었습니다.

그런데, 바로 그때 남편이 예기치 못한 변화의 말을 꺼낸 것입니다. 그 말이 우리 삶의 전환점이 될 줄은 상상도 못했습니다. 그때까지 우리는 하나님의 복이 무엇인지 잊고 살고 있었습니다. 우리는 세상을 사랑하며, 세상의 방식에 익숙해져 있었습니다. 그러나 하나님은 그 어둠의 시간에도 조용히 일하고 계셨습니다.

2008년 1월 2일 (수) 하나님의 음성을 어떻게 들을 수 있나?

남편이 성구를 암송하며 점점 변화되어 가는 모습을 지켜보면서, 나도 마음 깊은 곳에서 함께 동참하고 싶다는 강한 열망이 생기기 시작했습니다. 마침 언니가 권했던 한 목사님의 설교가 문득 떠올라, 저는 인터넷으로 그분의 말씀을 찾아 듣기 시작했습니다.

설교 제목은 '하나님의 음성을 어떻게 들을 수 있나?'였습니다. 총 7편으로 구성된 시리즈였는데, 저는 연달아 1편과 2편 설교를 집중해서 들었습니다. 특히 2편 설교를 들을 때, 제 내면에 전율이 일어났습니다.

그 목사님께서는 사탄이 우리를 공격하는 4가지 방법에 대해 말씀하셨습니다. 그 순간, 마치 눈이 번쩍 뜨이는 듯한 충격이 밀려왔습니다. 갑자기 제 마음 깊은 곳에서 '사탄이 나를 지배하고 있었구나!'라는 깨달음이 강하게 들어왔습니다. 그때처럼 마음이 부끄럽고 참담했던 적이 없었습니다.

그 설교는 단순한 메시지가 아니었습니다. 그것은 제 삶을 흔드는 강력한 경고음이었습니다. 저는 그 자리에서 결심하게 되었습니다. '이제는 모든 세상적인 것에서 단절해야 한다. 이대로는 안 된다.' 그렇게 제 안에 성령님의 불이 다시금 타오르기 시작했습니다.

"나는 너희로 회개하게 하기 위하여 물로 세례를 베풀거니와 내 뒤에 오시는 이는 나보다 능력이 많으시니 나는 그의 신을 들기도 감당하지 못하겠노라. 그는 성령과 불로 너희에게 세례를 베푸실 것이요"(마 3:11)

"그 후에 내가 내 영을 만민에게 부어 주리니 너희 자녀들이 장래 일을 말할 것이며 너희 늙은이는 꿈을 꾸며 너희 젊은이는 이상을 볼 것이며 그 때에 내가 또 내 영을 남종과 여종에게 부어 줄 것이며"(욜 2:28-29).

2008년 1월 3일(수)~14일 남편에게 순종하라-보혈을 뿌리기

저는 세 아이를 둔 엄마입니다. 6살, 3살, 1살 된 아이들을 돌보며 영성훈련을 한다는 것은 상상조차 하지 못했던 일이었습니다. 언제나 아이들을 핑계 삼아 예배조차 온전히 드리지 못했고, 마음속에는 '도대체 언제까지 아이들에게 매달려 살아야 하나' 하는 불만이 가득했습니다.

저는 예배만 잘 드리면 내 신앙이 회복될 것이라 믿었습니다. 그러나 이번 영성훈련을 통해, 하나님께서는 제게 명확하게 보여주셨습니다. 환경은 영성훈련에 아무런 장애가 되지 않는다는 사실을 말입니다. 그날도 기도하기 전, 저는 늘 부르던 찬양을 불렀습니다.

'주께 가까이 날 이끄소서, 간절히 주님만을 원합니다.'

그 찬양처럼 주님을 간절히 바라며 기도에 들어갔습니다. 영성훈련을 시작하며 저는 성령님께 간구했습니다.
저의 죄를 생각나게 해주세요.
그렇게 기도하며, 떠오르는 죄들을 하나하나 회개하기 시작했습니다.

그 가운데 성령님께서 제게 가장 먼저 말씀해주신 것은 바로 "남편에게 복종하라"는 말씀이었습니다. 그 이후 성경을 펼 때마다 남편에게 복종하라는 말씀들이 계속해서 제 눈에 들어왔습니다. 처음에는 우연인가 싶었지만, 그것은 하나님의 분명한 메시지였습니다. 저는 놀랐습니다. 그렇게 많은 말씀 속에 아내의 순종을 강조하고 계셨다는 사실에 말입니다.

"여자는 일체 순종함으로 조용히 배우라"(딤전 2::11).

"아내들아 남편에게 복종하라. 이는 주 안에서 마땅하니라"(골 3:18).

"전에 하나님께 소망을 두었던 거룩한 부녀들도 이와 같이 자기 남편에게 순종함으로 자기를 단장하였나니"(벧전 3:5).

"아내들이여 자기 남편에게 복종하기를 주께 하듯 하라"(엡 5:22).
"그러므로 교회가 그리스도께 하듯 아내들도 범사에 자기 남편에게 복종할지니라"(엡 5:24).

"그러나 너희도 각각 자기의 아내 사랑하기를 자신 같이 하고 아내도 자기 남편을 존경하라"(엡 5:33).

"그들로 젊은 여자들을 교훈하되 그 남편과 자녀를 사랑하며 신중하며 순전하며 집안 일을 하며 선하며 자기 남편에게 복종하게 하라. 이는 하나님의 말씀이 비방을 받지 않게 하려 함이라"(딛 2:4-5).

이토록 반복해서 말씀하신 이유가 무엇일까 깊이 묵상하게 되었습니다. 저는 남편과 별다른 갈등 없이 살아왔지만, 제 마음속 깊은 곳에서 남편을 무시하고 인정하지 않았던 태도를 돌아보게 되었습니다. 그리고 회개했습니다.

저는 방언의 은사를 받았기에 방언으로 눈물 흘리며 성령님을 의지해 기도하기 시작했습니다. 그리고 깨달았습니다. 정결하고 거룩한 자만이 하나님 앞에 나아갈 수 있다는 것을. 그래서 예수님의 보혈을 선포하며 보혈을 내 머리와 가슴, 온몸에 바르고 기도를 시작했습니다. 예수님의 피만이 나를 정결케 하시기에, 믿음으로 그 보혈을 뿌렸습니다.

"그 아들 예수의 피가 우리를 모든 죄에서 깨끗하게 하실 것이요"(요일 1:7b).

"그의 피로 말미암아 구속 곧 죄 사함을 받았으니" (엡 1:7b).

남편은 저에게 이 말씀과 함께 예수의 피를 뿌리는 이유를 설명해 주었습니다. 이스라엘 백성이 출애굽 전 마지막 재앙을 피하기 위해 어린 양의 피를 문설주에 발랐던 것처럼, 예수님의 피도 우리를 보호하는 능력이 있기 때문이라고 말입니다. 믿음으로 선포된 보혈은 지금도 우리를 덮고 보호하는 능력이 있음을 깨달았습니다.

우리는 보통 기도할 때 하나님의 음성은 들으려 하지 않고, 우리의 말만 쏟아냅니다. 마치 병원에 가서 의사의 처방도 듣지 않고 그냥 돌아오는 환자처럼 말입니다. 그래서 저는 기도의 방식을 바꾸기로 했습니다.

경배와 찬양과 방언 기도로 마음을 여는 시간을 가진 후, 조용히 앉아 하나님의 음성을 들으려고 집중했습니다. 묵상하며 하나님과 예수님을 떠올리는 가운데, 회개한 죄는 더 이상 내 머릿속에서 떠오르지 않았고, 저는 죄가 용서받았음을 믿게 되었습니다. 그리고 깊이 집중할수록 하나님의 사랑이 더 선명하게 느껴졌고, 십자가의 사랑 앞에서 감격하여 눈물을 흘릴 수 있었습니다.

"베드로가 이르되 너희가 회개하여 각각 예수 그리스도의 이름으로 세례를 받고 죄 사함을 받으라. 그리하면 성령의 선물을 받으리니"(행 2:38).

2008년 1월 15일㈜~1월 30일 꿈에서 회개할 죄를 알게 하셨다

그러기 시작한 지 일주일쯤 지났을 무렵, 성령님께서는 저에게 새로운 방식으로 죄를 깨닫게 하셨습니다. 입술로 고백하지 못했던 죄들을, 하나님께서는 꿈을 통해 알게 하신 것입니다. 어떤 날은 내가 죄를 짓는 꿈을 꾸었고, 그 꿈속에서조차 마음이 찢어질 듯한 고통을 느꼈습니다.

그러한 꿈에서 깨어난 날은 도저히 다시 잠을 이룰 수 없었습니다. 저는 곧장 자리에서 일어나 하나님 앞에 엎드렸습니다. 가슴을 찢는 심정으로 회개하며 기도할 때, 하나님께서는 놀라운 평안을 제 마음에 부어 주셨습니다. 제 영혼 깊은 곳에서 '용서받았다'는 확신이 밀려왔고, 말할 수 없는 위로와 안식을 누릴 수 있었습니다.

그렇게 약 3일 동안 꿈을 통해 제 죄를 인식하게 하신 뒤, 더 이상 그러한 꿈은 꾸지 않게 되었습니다. 저는 그때 확신했습니다. 하나님께서 나의 모든 죄를 용서해 주셨다는 것을.

그 후 묵상기도를 드리며 하나님의 음성을 기다릴 때마다, 하나님께서는 성경 말씀을 제 마음에 떠오르게 하셨습니다. 말씀 한 구절, 한 구절이 살아 있는 음성처럼 제 가슴을 두드렸고, 하나님의 사랑이 그 말씀

속에 그대로 전해졌습니다.

찬양을 드릴 때도 마찬가지였습니다. 찬양의 가사 하나하나가 내 마음 깊은 곳에 스며들었고, 그 가사들이 마치 지금의 내 상황을 대변해 주는 것 같아 눈물 없이 찬양할 수 없었습니다. 그러면서 문득 깨달았습니다. '지금까지 나는 찬양을 부른 것이 아니라, 단지 노래를 불렀던 것이었구나!' 이제서야 저는 진정으로 하나님께 드리는 찬양이 무엇인지 알게 되었고, 신령과 진정으로 예배하는 법을 배우게 된 것에 감사하게 되었습니다.

"그러므로 너희가 회개하고 돌이켜 너희 죄 없이 함을 받으라. 이같이 하면 새롭게 되는 날이 주 앞으로부터 이를 것이요"(행 3:19).

2008년 1월 31일(목) 기도 쉬는 날의 영적 공격

영성훈련을 시작한 지 한 달이 되던 날, 놀라운 일이 일어났습니다. 남편이 하나님의 음성을 듣기 시작한 것입니다. 그리고 저 또한 하나님의 뜻을 느낄 수 있는 영적인 감각이 열리기 시작했습니다. 그 증거는 분명했습니다. 어떤 상황에 닥칠 때마다, 그에 꼭 맞는 성경 말씀 구절이 마음속에 떠오르는 것이었습니다.

예전에는 내 의지로 기도를 해보려 해도 '작심삼일'이라는 말처럼 며칠을 넘기기 어려웠습니다. 그러나 성령님을 의지하고 기도하기 시작하자 상황이 달라졌습니다. 새벽마다 눈을 뜨면 아이들이 평안히 잠들 수 있도록 성령님께서 도와주셨고, 기도는 더 이상 짐이 아니라 삶의 활력소가 되었습니다.

어느 날은 기도를 거른 적이 있었습니다. 그날 하루 종일 우울함과 무거움이 따라다녔고, 삶이 버겁게 느껴졌습니다. 또 다른 날, 마트에서 장을 보던 중 갑자기 머리가 어지럽고 정신이 혼미해졌습니다. 집으로 돌아와 남편에게 이야기하자, 성령님께서 알려주셨습니다. 그것은 영적인 공격이었던 것입니다. 그때 저는 다시금 깨달았습니다. 이제 나의 삶은 기도와 말씀 없이는 결코 유지될 수 없다는 것을 깨달았습니다.

영성을 훈련하며 점점 더 느껴지는 것은, 하나님께서는 자신의 음성을 성경 말씀을 통해 들려주신다는 것이었습니다. 저에게는 말씀 구절이 떠오르게 하셨고, 남편에게는 성경 속 인물들을 비추어 앞으로의 사명을 말씀해 주셨습니다.

처음에는 묵상 기도가 낯설고 어렵게만 느껴졌지만, 시간이 흐를수록 저의 기도는 간구보다는 묵상 중심으로 바뀌어갔습니다. 그러던 어느 날, 남편을 통해 하나님께서 제게 말씀하셨습니다.

"하나님은 네가 하나님을 사랑하는 것보다, 너를 더 사랑하신다."

그 말을 듣는 순간, 눈물이 왈칵 쏟아졌습니다. 하나님의 사랑에 대한 깊은 감격이 밀려왔고, 저는 그 사랑을 찬양하지 않을 수 없었습니다. 또 남편을 통해 하나님께서 주신 또 다른 말씀이 있었습니다. 하나님께서 우리 부부를 하나님의 언약궤 안에 두셨고, 계속해서 하나님의 영광의 빛을 받아야 성령의 불이 커질 수 있다는 것이었습니다. 그 이후 저는 영광의 빛에 더욱 집중하며 기도하기 시작했고, 실제로 내 안에 놀라운 변화들이 일어나기 시작했습니다.

어느 날, 기도와 묵상 가운데 머리 부근이 따뜻해지는 느낌과 함께 주위가 멍해지는 듯한 경험을 했습니다. 기도가 끝난 후 남편에게 그 경험을 나누었더니, 성령님께서 저에게 하나님의 영광이 강하게 임했다고 알려주셨습니다. 그리고 신유의 은사도 함께 임하였다고 하셨습니다.

그럴 때마다 저는 벅찬 감격에 눈물을 흘렸습니다. 보잘것없는 저를 사용해 주시고 은혜를 부어주시는 하나님 앞에, 제가 드릴 수 있는 것은 오직 찬양과 감사뿐이었습니다.

"쉬지 말고 기도하라"(살전 5:17).

"나는 너희를 위하여 기도하기를 쉬는 죄를 여호와 앞에 결단코 범하지 아니하고 선하고 의로운 길을 너희에게 가르칠 것인즉"(삼상 12:23).

2008년 2월 1일(금) ~ 2월 14일(목) 하나님의 음성을 듣기 시작하다

영성훈련을 시작한 지 한 달이 넘어서자, 내 안에서 일어나는 변화는 더욱 뚜렷해졌습니다. 머리에는 따뜻한 기운이 감돌았고, 온몸에도 따뜻함이 퍼져나갔습니다. 그 따뜻함은 단순한 신체의 감각이 아니라, 성령님의 임재임을 분명히 느낄 수 있었습니다. 성령님께서는 남편을 통해 제게 말씀하셨습니다. "너는 이제 영적 전쟁에서 승리하였다."

그 말씀이 제 영혼 깊은 곳을 울렸습니다. 저는 더욱 말씀을 묵상하고 암송하며, 남편과 함께 성령님께 들은 음성을 나누기 시작했습니다. 그러자 말씀이 이전과는 다르게 살아서 제 안에 들어왔고, 말씀 속에서 깊은 깨달음이 임하기 시작했습니다. 내 평생 이렇게 성경 말씀이 잘 읽히고, 깊이 이해된 적은 없었습니다. 모든 것이 성령님의 은혜였습니다.

남편 역시 변화되고 있었습니다. 그는 예전에 읽었던 성령에 관한 책을 다시 꺼내 읽기 시작했습니다. 성령님과의 깊은 교제에 대한 열망이 다시금 불타올랐기 때문입니다. 그는 그 책을 제게 건네주었습니다. 사실 저는 영어로 된 책을 잘 읽지 못했습니다. 그런데 놀랍게도, 책을 펴자마자 7페이지를 단숨에 읽어 내려갔습니다. 하나님의 은혜가 아니고서는 설명할 수 없는 일이었습니다.

더 잘 이해하기 위해, 저는 같은 책의 한국어 번역본을 주문했습니다. 책이 도착한 날부터 저는 매일 그 책을 읽기 시작했습니다. 그 책은 단순한 정보를 전해주는 책이 아니었습니다. 성령님과 더 가까워지는 길을 안내해주는 지침서였습니다. 그리고 저는 분명히 깨달았습니다. 성령님은 우리와 인격적인 관계를 원하신다는 것을.

책을 읽던 중, 저는 이사야 61:1~3 말씀을 마주하게 되었습니다.

> "주 여호와의 영이 내게 내리셨으니 이는 여호와께서 내게 기름을 부으사 가난한 자에게 아름다운 소식을 전하게 하려 하심이라. 나를 보내사 마음이 상한 자를 고치며 포로 된 자에게 자유를, 갇힌 자에게 놓임을 선포하며, 여호와의 은혜의 해와 우리 하나님의 보복의 날을 선포하여 모든 슬픈 자를 위로하되, 무릇 시온에서 슬퍼하는 자에게 화관을 주어 그 재를 대신하며, 기쁨의 기름으로 그 슬픔을 대신하며, 찬송의 옷으로 그 근심을 대신하시고, 그들이 의의 나무 곧 여호와의 심으신 그 영광을 나타낼 자라 일컬음을 얻게 하려 하심이니라."

이 말씀을 읽는 순간, 강력한 깨달음이 저를 덮쳤습니다.
그래, 이것이 바로 내가 감당해야 할 사명이구나! 저는 그 말씀을 몇 번이고 되뇌이며 가슴에 새겼습니다. 그 말씀은 제 영혼의 나침반이 되었고, 하나님의 부르심에 대한 확신이 제 안에 깊이 자리 잡기 시작했습니다.

2월 15일(금)~2월 29일(금) 신유의 능력은 사랑에서 나온다

계속해서 나도 하나님의 음성을 듣기 위해 열심히 기도하였습니다. 그러나 그 열심은 사실 내가 한 것이 아니었습니다. 성령님께서 나를 도우셨던 것입니다. 만일 나의 의지로만 기도했다면, 아마 며칠도 채 되지 않아 포기하고 말았을 것입니다. 하지만 영성훈련을 시작한 지 어느덧 세 달이 다 되어 가는 지금까지, 나는 매일 새벽마다 잠에서 깨어나 기도실로 나아갈 수 있었습니다.

기도할 때마다 나는 조용히 고백합니다.

성령님, 오늘은 어떤 기도를 하게 하실 건가요?

그리고 기다립니다. 아무런 응답이 없을 때도 있습니다. 그럴 땐 그냥 조용히 앉아 묵상하며 주님의 임재 안에 머무르기만 했습니다.

남편과 나는 교회 개척을 두고 함께 간절히 기도하고 있었습니다. 우리의 길을 보여 달라고, 주께서 예비하신 길을 알게 해달라고 간구했습니다. 그런데 이상하게도 마음 한켠에는 확신이 있었습니다. 하나님은 반드시 우리를 통해 큰 역사를 이루실 것이며, 이미 우리가 행할 모든 길을 예비해 놓으셨다는 믿음이 가슴 깊은 곳에서 솟아오르곤 했습니다.

하나님은 내 기도 가운데 잃어버린 영혼들을 향한 마음을 부어주셨습니다. 부흥 찬양이 자연스럽게 입술에서 흘러나왔고, 통분히 여기시는 성령님의 마음이 내 마음속 깊이 느껴졌습니다. 그 마음에 함께 젖어, 나도 모르게 통곡이 터져 나오곤 했습니다.

특별히 하나님의 사랑이 내 안에서 강하게 일어나는 것을 느꼈던 사건이 있었습니다. 어느 날, 호주에 살고 있는 내 사촌동생에게 하나님의 사랑을 전하려는 마음이 강하게 일었습니다. 그런데 이상하게도, 내 마음속에서 너무나도 깊은 고통이 올라왔고, 숨조차 쉬기 어려울 정도의 통증이 느껴졌습니다. 나는 그 이유를 알 수 없어 남편에게 물었습니다. 남편은 말했습니다.

그건 그 영혼에 대한 당신의 안타까움 때문일 거예요.

그때 나는 알게 되었습니다. 사랑의 고통이었습니다. 주님께서 그 영혼을 얼마나 애타게 찾고 계시는지를 나에게도 느끼게 해주신 것입니다. 그리고 남편은 덧붙여 말했습니다.

당신의 신유의 능력은 바로 그 사랑에서 나오는 거예요. 나는 그 말을 통해 깨달았습니다. 성령의 열매 중 사랑이 내게 체험으로 임하고 있다는 사실을 알게 되었습니다.

하나님은 나의 기도를 통해 나 자신을 변화시키시고, 사랑의 사람으로 세워가고 계셨던 것입니다.

기도는 단순한 행위가 아닙니다. 그분의 마음을 배우고, 그분의 눈으로 세상을 보게 되는 거룩한 여정이었습니다.

"네 이웃을 네 자신 같이 사랑하라 하셨으니"(마 22:39).

"그런즉 믿음, 소망, 사랑, 이 세가지는 항상 있을 것인데 그 중의 제일은 사랑이라"(고전 13:13).

"사랑하지 아니하는 자는 하나님을 알지 못하나니 이는 하나님은 사랑이심이라"(요일 4:8).

3월 1일(토) ~ 3월 6일(목) 영적전쟁이 벌어지는 소리를 듣다

기도 중 또 하나의 특별한 경험이 있었습니다. 어느 날 묵상기도를 하고 있는데, 제 귀에 어디선가 들리는 '웅~' 하는 소리가 들리기 시작했습니다. 마치 모터가 돌아가는 듯한 소리였습니다. 처음엔 그냥 외부 소리겠거니 하고 무시했지만, 다음 날에도 동일한 소리가 들렸고, 훨씬 더 선명하고 강하게 들렸습니다.

이상하다고 생각한 저는 남편에게 그 이야기를 나누었고, 성령님께 여쭈었습니다. 그러자 성령님께서 말씀하셨습니다.

"그 소리는 영적 전쟁이 벌어지는 소리다."

그 이후로도 그 소리는 계속 들렸고, 저는 그 소리가 사라질 때까지 조용히 기도실에 앉아 있었습니다. 약 30분쯤 지났을 무렵, 소리는 점점 사라지고 제 마음에는 평안이 찾아오기 시작했습니다. 그리고 성령님께서 말씀하셨습니다.

"이제 전쟁에서 승리하였다."

그 말씀은 제 마음을 감격으로 가득 채웠고, 설명할 수 없는 기쁨과 평안이 넘쳐났습니다. 그리고 하나님께서는 제 마음에 또 하나의 말씀을 떠오르게 하셨습니다.

"우리의 씨름은 혈과 육을 상대하는 것이 아니요, 통치자들과 권세들과 이 어둠의 세상 주관자들과 하늘에 있는 악의 영들을 상대함이라"(엡 6:12).

또 하루는 기도를 마치고 옷장 문을 열고 나오는 순간, 갑작스럽게 현기증이 밀려와 일어설 수조차 없었습니다. 남편을 통해 성령님께 여쭈었더니, 하나님의 영광이 저에게 강하게 임한 후 세상적인 환경과의 영적 온도 차이 때문에 발생한 현상이라고 하셨습니다. 성령님께서는, 하나님의 영광과 세상의 현실이 동시에 공존할 때 나타나는 영적 현상임을 알려주셨습니다.

저는 그 모든 순간마다 하나님께서 얼마나 살아계시고 섬세하게 우리를 인도하시는지를 깊이 체험하고 있습니다.

2008년 3월 7일 (금) 성령님, 어떤 말씀을 전할까요?

금요 찬양 예배 중, 남편은 야고보서 1장 6~8절 말씀을 본문으로 삼아 설교를 하였습니다.

> "오직 믿음으로 구하고 조금도 의심하지 말라. 의심하는 자는 마치 바람에 밀려 요동하는 바다 물결 같으니, 이런 사람은 무엇이든지 주께 얻기를 생각하지 말라. 두 마음을 품어 모든 일에 정함이 없는 자로다."

말씀이 선포되는 그 순간, 제 마음속에 깊은 울림이 있었습니다. '혹시 나는 하나님의 영광이 정말 내게 임하고 있는 것인가?'라고 스스로 의문을 품었던 그 순간들이 떠올랐습니다. 성령님의 역사와 임재를 경험하고 있음에도, 저는 여전히 마음 한편에 불신의 그림자를 품고 있었던 것입니다.

그 말씀을 듣는 동안, 의심하는 자는 불신자와 다를 바 없다는 진리가 가슴을 강하게 쳤습니다. 그 순간, 저는 회개의 마음으로 하나님 앞에 고개를 숙였습니다. 그리고 결단했습니다.

조금도 의심하지 말자. 하나님은 살아계시고, 지금도 나를 인도하고 계신다.

사실 그날 설교 전에, 남편은 예배를 준비하며 성령님께 기도했다고 말했습니다.

성령님, 오늘 어떤 말씀을 전해야 할까요?

그때 성령님께서 주신 말씀이 바로 이 야고보서 본문이었다고 말했습니다.

그 이야기를 듣고 나니 더더욱 마음이 뜨거워졌습니다. 아, 이 말씀이 바로 나에게 주신 말씀이구나!

저는 예배가 끝난 후 남편에게 말했습니다.

하나님께서 오늘 나 들으라고 이 말씀을 주신 것 같아요.

그날 저는 다시 한 번, 하나님께서 얼마나 구체적으로 우리의 삶을 이끌어 가시는지를 체험하게 되었습니다. 하나님은 우리가 듣기 원하는 말씀보다, 꼭 들어야 할 말씀을 정확하게 들려주시는 분이심을 믿게 되었습니다.

"무릇 하나님의 영으로 인도함을 받는 사람은 곧 하나님의 아들이라"(롬 8:14).

2008년 3월 8일 (토) 환난을 당하나 담대하라

어제 들었던 말씀을 깊이 묵상하며 저는 진심으로 회개의 기도를 드렸습니다. 그리고 믿음을 굳게 붙잡고 기도하던 중, 하나님의 영광이 제게 강하게 임하는 것을 온몸으로 느낄 수 있었습니다. 마치 하늘에서 쏟아지는 영광의 빛이 저를 감싸는 듯한 감동이 밀려왔고, 제 손과 이마는 따뜻한 기운으로 감싸졌습니다.

무엇보다 제 마음속에는 이전보다 훨씬 더 큰 담대함이 생겼습니다. 흔들리지 않는 확신과 평안이 자리를 잡았고, 성령님께서 그 순간 제게 한 구절을 생각나게 하셨습니다.

"이것을 너희에게 이르는 것은 너희로 내 안에서 평안을 누리게 하려 함이라. 세상에서는 너희가 환난을 당하나 담대하라. 내가 세상을 이기었노라"(요 16:33).

이 말씀은 제 영혼 깊은 곳에 새겨졌습니다. 세상 가운데 환난이 있다 해도, 우리는 그리스도 안에서 담대할 수 있음을 다시 한 번 확신하게 되었습니다. 하나님께서 주시는 이 담대함과 평안은 세상이 줄 수 없는 참된 능력임을 마음 깊이 체험한 순간이었습니다.

2008년 3월 9일 (주일) 성령의 불을 전이하다

남편은 제 안에 성령의 불이 임한 것을 알게 되자, 제게 말했습니다. "당신에게 있는 불을 나에게 넣어줘." 그렇게 요청하며 제게 다가왔습니다. 남편이 제 머리에 손을 얹고 기도하던 중, 갑자기 팔이 저리고 심한 통증이 느껴진다고 말했습니다. 남편은 즉시 성령님께 여쭈었고, 성령님께서는 말씀하셨습니다.

"지금 너의 아내에게 하나님의 영광이 강하게 임하고 있는 중이다."

그날 저녁, 남편은 막내 은이의 머리에 손을 얹었습니다. 그런데 이번에도 손바닥에서부터 손목, 팔 전체에 저릿한 감각과 힘께 통증이 퍼져 나갔다고 했습니다. 성령님께서는 은이에 대해 말씀해 주셨습니다. "은이는 태아 시절부터 마귀의 영향을 받았기 때문에 지금 불이 필요하다."

그 말을 들은 저는 마음이 무거워졌습니다. 생각해보니, 은이는 다른 형제들과는 발달 속도가 매우 달랐습니다. 첫째 준이는 생후 9개월에 걷기 시작했고, 둘째 찬이는 11개월에 걸음마를 떼었습니다. 하지만 막내 은이는 15개월이 넘었음에도 아직 걷지 못하고 있었고, 말도 또래보다 늦게 습득하고 있었습니다.

저도 남편처럼 은이의 머리에 손을 얹어 기도해보았습니다. 하지만 아무런 느낌이 없었습니다. 그래서 왼손을 은이의 가슴에 얹었을 때, 그제야 손이 저리고 팔 전체에 통증이 퍼졌습니다. 남편이 저에게 증상이 어떤지 물어보았고, 저는 손이 저리고 팔에 통증이 느껴진다고 대답했습니다. 그러자 남편은 놀란 듯 말했습니다.

내가 느꼈던 것과 똑같아요.

조금 후, 제가 남편의 가슴에 손을 얹었을 때도 동일한 현상이 나타났습니다. 저의 손이 저리고 팔에 통증이 느껴졌습니다. 이 현상에 대해 이유를 여쭈었더니, 남편은 말했습니다.

이건 불과 불이 만나는 과정에서 생겨나는 증상이야!

그 순간 저는 하나님의 불, 성령의 불이 실제로 움직이고 있다는 것을 온몸으로 실감할 수 있었습니다. 눈에 보이지 않는 하나님의 능력은 이렇게 우리의 육신을 통해 체험되며, 영적인 세계가 얼마나 실제적인지를 깊이 깨닫게 되는 순간이었습니다.

"그는 성령과 불로 너희에게 세례를 베푸실 것이요"(마 3:11b, 막 1:8b, 눅 3:16b)

2008년 3월 10일(월) 성령의 불을 받고 걷기 시작하다

어제 은이에게 성령의 불을 전한 후, 오늘 놀라운 일이 일어났습니다. 은이가 갑자기 걷기 시작한 것입니다. 몇 발자국 걷는 정도가 아니라, 마치 기다렸다는 듯이 자유롭게 걷기 시작한 것이었습니다. 너무나 감격스러워 그 장면을 비디오로 촬영해 두었습니다.

사실 며칠 전, 남편이 은이를 위해 기도한 뒤 제게 말했었습니다. "성령님께서 은이가 곧 걷게 될 거라고 하셨어." 그리고 정말로 그 말씀이 이루어진 것입니다. 하나님의 신실하심에 감탄하지 않을 수 없었습니다.

그날 저녁, 남편은 저와 대화 중에 성령님께서 제게 빛이 임했으며, 이제는 일어나 그 빛을 발하라고 하셨다고 말해주었습니다. 그리고 성령님께서 주신 말씀이 바로 이사야서였습니다.

"일어나라. 빛을 발하라. 이는 네 빛이 이르렀고 여호와의 영광이 네 위에 임하였음이니라. 보라 어두움이 땅을 덮을 것이며 캄캄함이 만민을 가리려니와, 오직 여호와께서 네 위에 임하실 것이며, 그 영광이 네 위에 나타나리니, 나라들은 네 빛으로, 왕들은 비취는 네 광명으로 나아오리라"(사 60:1~3).

이 말씀은 제 마음 깊은 곳에 강하게 자리 잡았습니다. '그래, 나는 이제 어둠에 갇혀 있는 상처받은 영혼들에게 하나님의 빛을 전해야 하는 사명을 받은 것이구나.' 그렇게 다짐하던 중, 뜻밖에도 이웃에 사는 자매로부터 전화가 왔습니다.

그 자매는 목사님의 딸이지만, 믿음 없는 남편과 결혼한 후 신앙생활을 거의 하지 못하고 있었습니다. 남편은 건축업자였고, 돈은 잘 벌지만 술과 도박으로 모든 것을 탕진하는 상황이었습니다. 그래서 자매는 늘 돈에 대한 집착과 불만이 가득했습니다. 전화할 때마다 누가 돈을 떼어갔다, 남편이 돈을 다 시댁에 보냈다, 오늘도 술값으로 돈을 다 썼다며 끊임없이 돈! 돈! 돈! 이라는 말을 반복하곤 했습니다.

하지만 그날, 저는 결단했습니다. 이제는 단호하게 하나님의 말씀을 전하고, 성령의 불을 나눠야겠다고. 자매를 만나자마자 역시나 돈 이야기가 시작되었습니다. 그 순간, 저는 단호하게 말했습니다.

자매님, 이제 돈 이야기는 그만하세요.

자매는 순간 멈칫했고, "어머, 미안해요"라며 머쓱해했습니다. 저는 성령님의 인도하심을 따라 고린도전서 3장 16절 말씀을 전했습니다.

> "너희는 너희가 하나님의 성전인 것과 하나님의 성령이 너희 안에 계시는 것을 알지 못하느냐"(고전 3:16)?

그리고 이어서 마태복음 6장 24절 말씀을 전했습니다.

"한 사람이 두 주인을 섬기지 못할 것이니 혹 이를 미워하고 저를 사랑하거나 혹 이를 중이 여기고 저를 경히 여김이라. 너희가 하나님과 재물을 겸하여 섬기지 못하느니라."

저는 자매에게 말했습니다. 돈을 섬기면 그것은 우상숭배입니다. 그런데 놀랍게도 자매는 제 말을 전혀 거부하지 않고 고개를 끄덕이며 받아들였습니다.

저는 말했습니다.
제가 기도해 드릴게요.
그리고 자매의 가슴에 손을 얹고 기도하며 성령님의 불을 전했습니다. 자매는 조용히 순종하는 태도로 기도에 함께했습니다.

그 순간, 성령님께서는 저에게 고린도전서 3장 17절 말씀을 생각나게 해주셨습니다.

"누구든지 하나님의 성전을 더럽히면 하나님이 그 사람을 멸하시리라. 하나님의 성전은 거룩하니 너희도 그러하니라" (고전 3:17).

자매는 평소에 담배를 피우고 있었기에, 성령님께서 이 말씀을 주신 것임을 깨달았습니다. 저는 이어서 시편 1편 말씀도 꼭 읽어보라고 권하며, 다시 신앙의 길로 돌아오기를 권면했습니다. 자매는 제 말에 감사해하며 이번 주부터 꼭 교회에 나가겠다고 약속했습니다.

이전 같았으면 다른 이에게 이런 말씀을 전하는 일이 너무나 두렵고 떨리는 일이었을 것입니다. 그러나 이제 성령의 불을 강하게 받은 저는, 놀랍도록 담대하고 단호하게 복음을 전할 수 있었습니다.

그날 저녁, 남편은 말했습니다.
성령님께서 당신이 한 일을 기뻐하시고, 지금 천사들이 일어나 당신을 향해 기립박수를 보내고 있어요.

그 말을 듣는 순간, 저는 감격의 눈물을 흘렸습니다. 다른 이에게 복음을 전할 수 있었고, 하나님께서 그것을 기뻐하셨다는 사실이 제게는 무엇보다 큰 기쁨이었습니다.

2008년 3월 11일 (화) 보혈 찬양으로 영혼이 살아나다

새벽이 되자 어김없이 저는 기도실로 들어갔습니다. 평소처럼 찬양을 드리고, 방언으로 기도하기 시작했습니다. 그런데 그날은 달랐습니다. 갑자기 기도가 막히는 느낌이 들었습니다. 늘 기도 중에 느껴지던 머리의 뜨거운 감각은 사라지고, 온몸에 싸늘한 기운이 감돌며 공포감이 몰려왔습니다. 단번에 알 수 있었습니다. 이것은 사탄의 공격이었습니다.

저는 즉시 예수의 보혈을 선포하며, 예수의 이름으로 어둠의 세력을 물리쳤습니다. 그러자 잠시 따뜻한 기운이 느껴졌지만, 곧 사라지고 말았습니다. 마음속에는 '이건 강력한 영적 방해구나' 하는 확신이 들었습니다. 몇 번이나 사탄을 대적했지만, 그날은 결국 기도의 자리를 이기지 못하고 방에서 나올 수밖에 없었습니다.

하나님의 영광의 임재를 느끼지 못하고 손의 뜨거움이 사라진 것 같아 아침 내내 마음이 무거웠습니다. 다시 영적인 감각을 회복하고 싶어, 인터넷에서 찬양 집회 영상을 찾아 함께 찬양을 부르기 시작했습니다. 그때였습니다. 보혈 찬양이 흘러나오자, 제 손이 다시 뜨거워지는 것을 느꼈습니다. 마치 메마른 영혼에 생수가 스며들듯, 제 영혼이 다시 회복되어 가고 있음을 확연히 느낄 수 있었습니다.

그날 저는 처음으로 깊이 깨달았습니다. '보혈 찬양에는 이렇게 강력한 능력이 있었구나.' 예수의 보혈을 선포하는 찬양 속에 진정한 회복의 힘이 있다는 것을 알게 된 순간이었습니다.

그때 남편이 말했습니다.

"성령님께서 어제 만난 자매님에게 전화를 하라고 하셨어."

저는 곧바로 자매에게 전화를 걸었습니다. 자매의 목소리는 전날과는 확연히 달랐습니다. 기쁨이 묻어나는 생기 있는 목소리였습니다.

사모님, 너무 감사해요. 어제 사모님 말씀해 주신 것들이 얼마나 큰 위로가 되었는지 몰라요. 집에 와서 시편 말씀을 읽고 또 읽었어요. 거의 다 외울 정도예요. 하나님 앞에 많이 회개도 하고, 스스로도 많이 돌아봤어요. 이번 주엔 꼭 교회 나갈 거예요.

그 고백을 들으며 제 마음은 감사와 감격으로 벅차올랐습니다. 사실 얼마 전, 성령님께서 저에게 말씀하신 적이 있었습니다. "이 자매가 도움이 필요할 때, 아무런 조건 없이 도와주어라.
남편과 저는 그 말씀에 순종해왔고, 그날 자매를 주님께로 이끌기 위한 하나님의 계획임을 다시금 확신할 수 있었습니다.

한편, 막내 은이도 놀라울 정도로 잘 걷기 시작했습니다. 이제는 집 안을 이리저리 걸어 다니며 밝게 웃는 은이의 모습을 보는 것만으로도 하나님의 은혜가 얼마나 큰지 느껴집니다.

모든 일들이 성령님의 불의 능력이 실제로 우리의 삶에 어떻게 역사하시는지를 체험하게 된 시간이었습니다. 하나님께서 주신 은혜와 성령의 능력이 얼마나 실제적인지를 매일같이 경험하며 감사와 찬양을 드릴 수밖에 없는 날들이었습니다.

"율법을 따라 거의 모든 물건이 피로써 정결케 되나니 피흘림이 없은즉 죄 사함이 없느니라"(히 9:22).

2008년 3월 12일 새벽 ㈜ 성령님의 큰 권능이 임하는 체험

저는 하나님의 큰 권능이 내게 임하는 놀라운 체험을 하게 되었습니다. 새벽 1시 40분쯤, 잠에서 깨어난 순간 제 귀에 '웅~' 하는 소리가 들려왔습니다. 마치 냉장고가 돌아가는 듯한 소리였습니다. 저는 곧바로 '또 영적 전쟁이 시작됐구나!'라고 직감했습니다.

가만히 누워 있는 동안, 그 소리는 점점 제 온몸을 감싸기 시작했고, 이내 몸이 경직되기 시작했습니다. 그 감각은 약 3분 정도 지속되었습니다. 처음에는 사탄의 공격이라고 생각했지만, 이후 손이 뜨거워지기 시작하면서 제 마음속에 확신이 생겼습니다. 이것은 사탄의 공격이 아니라, 하나님의 임재라는 것을요.

몇 분이 더 지나자 제 몸은 마치 감전된 것처럼 전류가 흐르는 느낌을 계속해서 받았습니다. 이 경험이 너무 생소하고 경이로워, 자고 있는 남편을 깨워 성령님께 여쭤보길 요청했습니다. 남편은 성령님으로부터 이렇게 전해주었습니다.

"지금 하나님의 큰 권능이 급하게 임하면서 네 몸이 그 능력을 감당하지 못해 일시적으로 경직된 것이다."

그 말씀을 듣고 저는 남편의 가슴에 손을 얹어 보았습니다. 그러자 전류가 흐르는 듯한 강한 느낌과 함께 팔에 통증이 밀려왔습니다. 성령님께서는 말씀하셨습니다. 이것은 성령의 불이 강하게 임할 때 나타나는 현상이다. 불이 필요한 곳에 손을 대면 이러한 느낌이 나타난다.

남편은 다시 성령님과 교제를 나눈 후, 저에게 엄청난 말씀을 전해주었습니다. 하나님께서 제게 놀라운 사역을 맡기실 것이며, 큰 권능으로 선지자의 역할을 감당하게 하실 것이라는 것이었습니다. 그 말씀을 듣는 순간, 제 안에 성령의 강한 감동이 몰려왔습니다.

그때 제 마음속에 자연스럽게 떠오른 말씀이 있었습니다.

"오직 성령이 너희에게 임하시면 너희가 권능을 받고, 예루살렘과 온 유대와 사마리아와 땅 끝까지 이르러 내 증인이 되리라 하시니라"(행 1:8).

"예수께서 나아와 말씀하여 이르시되, 하늘과 땅의 모든 권세를 내게 주셨으니, 그러므로 너희는 가서 모든 족속으로 제자를 삼아 아버지와 아들과 성령의 이름으로 세례를 베풀고, 내가 너희에게 분부한 모든 것을 가르쳐 지키게 하라. 볼지어다, 내가 세상 끝 날까지 너희와 항상 함께 있으리라 하시니라"(마 28:18~20).

이 말씀은 제게 다시 한 번 확신을 주었습니다.
하나님의 권능을 받는다는 것이 바로 이런 것이구나!

그날 아침, 저는 다시 남편의 가슴에 손을 얹어보았습니다. 놀랍게도 다시 강한 전류와 함께 팔의 통증이 느껴졌습니다. 그리고 불이 완전히 들어가자, 통증은 사라졌습니다. 다른 부위에 손을 대었을 때는 큰 느낌이 없었는데, 이로 인해 저는 확신할 수 있었습니다. 아픈 부위나 불이 필요한 곳에는 강한 반응이 나타나고, 그렇지 않은 곳은 반응이 없다는 사실을요.

우리 집에는 2년 전부터 함께 지내고 있는 한 학생이 있었습니다. 저는 그 학생의 가슴에 손을 얹었습니다. 그 순간, 너무나 강한 통증과 저릿한 감각이 팔을 타고 올라왔습니다. 성령의 불이 그 학생에게 전이되고 있다는 것을 알 수 있었습니다.

기도 후, 그 학생은 제게 고백했습니다.
저, 사실 마음에 상처가 많았어요. 그리고 불을 받은 후 머리가 어지럽다고 이야기했습니다. 그때 성령님께서는 제게 말씀해 주셨습니다.

"사람의 마음은 성령님이 거하시는 전이다. 그런데 상처, 우울함, 부정적인 생각으로 마음이 더러워져 있을 때, 그것을 깨끗이 정화하기 위해 더 많은 불이 필요하다. 그래서 가슴에 손을 얹었을 때 통증이 더 강하게 느껴지는 것이다."

저는 이 모든 경험을 통해 하나님의 권능과 성령의 불이 얼마나 실제적인지를 다시금 깊이 깨닫게 되었습니다. 이렇게 큰 권능을 저에게 허락해 주신 하나님께 모든 영광을 올려 드립니다.

2008년 3월 13일 (목) 정결해진 징표를 받다

　어젯밤에도 잠자리에 누워 있는 동안, 제 몸 전체에 계속해서 전류가 흐르는 듯한 느낌이 있었습니다. 마치 하나님의 능력이 내 안을 순환하는 듯한 감각이었습니다.

　새벽에 기도를 드리기 위해 일어났고, 화장실에 앉아 말씀을 읽기 시작했습니다. 그런데 그 순간, 귀에 익숙한 '웅~' 하는 소리가 다시 들리기 시작했습니다. 그 소리는 점점 더 크게 들려오며 화장실 안을 가득 채웠습니다.

　저는 즉시 영적인 분별을 하게 되었습니다. 곧바로 일어나 예수의 보혈을 선포하며, 화장실 곳곳에 보혈을 뿌렸습니다. 그리고 기도실로 들어가 말씀을 계속 읽으며 보혈 찬송을 부르고, 간절히 기도하기 시작했습니다. 그럼에도 불구하고 '웅~' 하는 소리는 여전히 제 귀에 들렸습니다.

　이후 묵상기도에 들어갔는데, 그 순간 제 오른쪽 머리 부분이 따뜻해지더니 점점 조여 오는 듯한 강한 압박감이 느껴졌습니다. 낯설지만 분명한 감각이었습니다.

기도를 마친 뒤, 저는 성령님께 여쭈었습니다. "성령님, 이 현상은 무엇입니까?"

그러자 성령님께서는 부드럽게 말씀해 주셨습니다.

"그 부분이 정결해진 징표이다."

그 말씀을 듣는 순간, 저는 마음 깊이 감사했습니다. 하나님께서 내 영과 육을 정결하게 하시고, 날마다 더 깊은 차원으로 이끌고 계심을 체험한 귀한 시간이었습니다.

2008년 3월 14일 (금) 하나님의 영광이 임하는 체험

새벽이 되자, 다리 부분에서 계속 저릿한 감각이 느껴졌습니다. 동시에 귀에서는 '윙, 윙, 윙' 마치 모터가 돌아가는 듯한 소리가 반복적으로 울려 퍼졌습니다. 사실 어젯밤 잠자리에 들 때부터 종아리 부근이 계속 저려왔는데, 그 감각이 새벽까지 이어졌던 것입니다.

저는 즉시 남편을 깨워 이 증상들에 대해 성령님께 여쭈어 보기를 요청했습니다. 성령님께서는 이렇게 말씀해 주셨습니다.

"하나님의 영광이 계속 임하고 있기 때문에 그 소리가 나는 것이다. 그리고 다리에 느껴지는 저림은 앞으로 하나님께서 너를 불이 필요한 이들에게 인도하실 것이라는 징표이다. 불이 필요한 사람을 만나게 되면 네 몸이 그것을 알게 될 것이다."

그 말씀을 들은 순간, 제 마음에 깊은 감동이 밀려왔습니다. 하나님께서 앞으로 저를 어떻게 사용하실 지에 대한 기대감이 솟구쳤습니다. 잠을 자는 동안에도 귀에서는 계속 소리가 들렸고, 온몸에는 열기가 가득하여 이불조차 덮을 수 없을 정도였습니다.

그날 아침, 남편이 목이 아프다고 말했습니다. 살펴보니 목 부위에 뭉쳐 있는 부분이 있었습니다. 남편은 저에게 말했습니다.

당신이 나에게 불을 전해줘요.

저는 곧바로 남편의 목에 손을 얹고 기도하기 시작했습니다. 그 순간, 제 머리와 몸이 뜨거워졌고 성령님의 불이 강하게 흐르는 것을 느낄 수 있었습니다. 저는 마음속으로 뭉친 부분이 사라지는 장면을 상상하며 하나님께 집중했습니다.

놀랍게도, 기도가 진행되는 동안 실제로 그 부위가 점점 풀리는 것이 느껴졌고, 손을 떼고 나서 보니 뭉친 부분이 눈에 띄게 가라앉아 있었습니다. 남편도 즉시 통증이 줄어들었다고 말해주었습니다.

이 모든 순간이 하나님의 살아 계신 역사임을 다시 한 번 확신할 수 있었습니다. 저는 깊은 감사와 감격으로 하나님께 영광을 올려드렸고, 제 마음속에는 하나님의 능력을 더욱 확실히 믿는 담대한 믿음이 자리 잡았습니다.

2008년 3월 15일(토) 자매에게 성령의 불을 전이하다

성령님께서 나의 발이 불을 전하는 곳으로 인도하실 것이라는 말씀을 주셨을 때, 저는 마음속으로 과연 언제 그런 일이 일어날까? 생각하며 기다리고 있었습니다.

그러던 어느 날 오후, 피아노 레슨이 예정되어 있었습니다. 저는 한 여자 집사님에게 피아노 반주 법을 가르치고 있었는데, 집사님이 집 안으로 들어서는 순간, 전혀 예상치 못했던 일이 벌어졌습니다. 갑자기 제 손에 저릿한 감각이 밀려왔습니다. 놀란 저는 옆에 있던 남편에게 그 증상을 이야기했습니다. 남편은 아무 말 없이 조용히 소파에 앉았고, 저는 어제 성령님께서 하셨던 말씀을 다시 떠올렸습니다.

아, 이분에게 불을 전하라는 사인이구나!

저는 조심스럽게 집사님께 말했습니다.
집사님, 잠시 손을 대고 기도해도 괜찮을까요?
집사님이 고개를 끄덕이자 저는 그녀의 등에 손을 얹었습니다. 그러자 곧바로 제 손에 강한 저림과 통증이 전해졌습니다. 확실히 성령의 불이 움직이고 있다는 것을 느낄 수 있었습니다.

기도를 마친 후, 집사님은 제게 이야기해 주었습니다. 최근 병원 검진에서 콜레스테롤 수치가 너무 높다는 진단을 받았고, 약을 처방받았지만 약을 먹는 것이 너무 싫다고 했습니다.

저는 집사님께 불을 받은 제 체험을 나누며 말했습니다.
이 불은 나쁜 것을 태우고, 몸에 필요한 것을 생성하며, 마음의 상처까지도 치유해 주는 하나님의 능력입니다.

그 말씀을 전한 후, 저는 집사님의 가슴에 다시 손을 얹고 불을 전했습니다. 이번에도 저의 손에 저림과 통증이 일어났습니다. 확실히 하나님의 불이 임하고 있다는 증거였습니다.

그날은 제게 아주 특별한 날이었습니다. 처음으로 다른 이에게 성령의 불을 직접 전한 날이었기 때문입니다. 하나님의 말씀은 헛되지 않으며, 그분의 인도하심은 정확하다는 것을 다시금 깊이 체험한 귀한 시간이었습니다.

> "요한은 물로 세례를 베풀었으나 너희는 몇날이 못되어 성령으로 세례를 받으리라"(행 1:5).

2008년 3월 16일 (주일) 예배 중에 성령의 불과 임재를 경험하다

주일 예배를 처음으로 드리기 위해, 저는 자매에게 전화를 걸어 함께 예배에 가자고 권유했습니다. 자매는 흔쾌히 응답했고, 저희는 자매의 집으로 향해 자매를 차에 태우고 함께 예배처소로 출발했습니다.

예배 장소까지는 약 30분 정도의 거리였습니다. 저는 그 시간 동안 자매에게 불을 전해야겠다는 마음이 들어, 조심스럽게 자매의 가슴에 손을 얹었습니다. 그 순간, 제 팔뚝에 강한 통증과 저릿한 감각이 몰려왔습니다. 성령의 불이 전해지고 있다는 확신이 들었습니다.

기도하는 마음으로 눈을 감고 있던 중, 제 안에 방언으로 기도해야겠다는 강한 감동이 일었습니다. 하지만 자매가 제 방언을 이해하지 못할 것을 생각해 남편에게 방언 통변을 부탁했습니다. 그런데 놀라운 일이 일어났습니다. 남편이 통역해준 내용은 제 방언에 대한 통역이 아니라, 마치 자매의 입에서 나오는 방언처럼 해석된 것이었습니다. 즉, 제 입에서 나온 방언이 자매의 영을 통해 흘러나온 방언이었던 것입니다.

자매는 불을 받는 가운데 방언기도가 진행되는 동안 눈물을 흘리며 깊은 감동에 잠겨 있었습니다. 그 모습을 보는 제 마음도 감격으로 가득 찼습니다.

예배가 시작되자 성령님의 충만한 임재가 제게 깊이 밀려왔고, 설교 시간이 되자 남편은 파워풀한 말씀을 선포하기 시작했습니다. 그 말씀 속에서 저는 남편이 성령님의 강한 인도하심을 받고 있다는 것을 분명히 느꼈습니다. 말씀의 능력이 얼마나 강력했는지, 설교 중 제 몸이 밀리는 듯한 영적인 감각을 느꼈을 정도였습니다.

예배를 마친 후, 남편도 동일하게 하나님의 승리를 고백했습니다. 저희 부부는 함께 예배를 통해 주신 은혜를 나누며, 하나님께 진심으로 감사를 올려드렸습니다. 그날은 우리 모두에게 성령의 불과 임재, 그리고 하나님의 인도하심을 온전히 경험한 은혜의 날이었습니다.

> "하나님이 말씀하시기를 말세에 내가 내 영을 모든 육체에 부어 주리니 너희의 자녀들은 예언할 것이요 너희의 젊은이들은 환상을 보고 너희의 늙은이들은 꿈을 꾸리라"(행 2:17).

2008년 3월 17일 (월) 교회재정관리는 성령의 지시대로

함께 예배를 드렸던 권사님으로부터 전화가 걸려왔습니다. 그 전날 남편은 권사님을 만나기 전, 기도실에 들어가 깊은 기도를 드리고 나왔습니다. 만남을 마친 남편은 돌아와 저에게 말했습니다. 권사님께서 교회 재정 운영 방식에 대해 불만을 토로하셨다는 것이었습니다.

사실 이 문제에 대해서는 이미 며칠 전, 성령님께서 남편에게 미리 말씀해 주셨습니다. 성령님께서는 구체적으로 교회 재정 운영에 대한 방향을 지시하셨고, 남편은 그 말씀을 듣고 깊은 갈등에 빠졌었습니다.
어떻게 목사가 첫 주부터 돈 이야기를 할 수 있단 말인가? 하며, 그는 성령님께 항변까지 했습니다. 하지만 결국 며칠간의 고민 끝에, 남편은 성령님의 말씀에 온전히 순종하기로 결단했습니다.

그래서 주일 예배가 끝난 후, 남편은 권사님 부부를 따로 만나 성령님께서 지시하신 교회 재정 운영의 방향을 담대히 선포했습니다. 그 자리에서 권사님 부부는 성령님의 지시에 전적으로 동의한다는 의사를 표현했고, 분위기도 매우 원만하게 마무리되었습니다.

하지만 안타깝게도, 그 이후 마귀가 그들의 마음속에 틈타기 시작한 것입니다. 마음 깊은 곳에서 교회 재정을 자신들이 주도하고 싶다는 욕심이 꿈틀거리기 시작한 것입니다.

남편은 다시 권사님께 구체적으로 성령님이 어떻게 이 문제를 인도하셨는지를 자세히 설명했습니다. 그리고 분명하게 말했습니다.
저는 오직 성령님의 지시에 따라 교회 재정을 운영할 것입니다. 그 어떤 인간의 뜻도 하나님의 뜻보다 앞설 수 없습니다.

그날 만남은 다행히 좋은 관계 속에서 마무리되었지만, 저는 이 일을 통해 다시금 깨달았습니다. 교회 사역은 철저히 하나님의 인도하심 아래 이뤄져야 하며, 사람의 뜻이 개입될 때 마귀는 언제든지 틈타려고 한다는 것입니다. 오직 성령님의 음성에 귀 기울이고, 그분의 지시에 순종하는 것만이 교회를 지키는 길임을 다시금 확신하게 되었습니다.

"무릇 하나님의 영으로 인도함을 받는 사람은 곧 하나님의 아들이라"(롬 8:14).

2008년 3월 18일 (화) 교회재정관리 문제로 실족하다

점심시간이 지나고 나서, 권사님으로부터 다시 전화가 왔습니다. 남편은 통화 전에 기도실로 들어가 하나님의 음성에 귀를 기울였습니다. 기도 중에 하나님께서는 이렇게 말씀하셨다고 합니다.

"오늘, 권사님과의 모든 관계가 끝날 것이다."

기도를 마친 후, 남편은 조용히 돌아와 저에게 말했습니다.
이제 모든 관계가 끝나게 되었어!

결국, 권사님 가정은 교회 재정 문제 앞에서 넘어신 것입니다. 그들은 이미 성령님께서 지시하신 방향이 무엇인지 알고 있었지만, 끝내 순종하기를 거부했습니다. 하나님의 뜻보다 자신의 생각과 계획을 앞세운 것입니다.

그들은 성령님의 말씀에 순복하기보다는, 자신의 영향력과 자존심, 그리고 물질적인 자부심을 더 중요하게 여겼습니다. 결국 자신의 돈으로 교회를 좌지우지하려는 마음이 본심이었던 것입니다.

이 사건을 통해 우리는 더욱 확신하게 되었습니다. 교회는 사람의 손에 의해 움직이는 곳이 아니라, 오직 하나님의 뜻과 성령님의 인도하심에 따라 세워지고 이끌려야 한다는 것을 말입니다. 사람의 영광이 아니라 하나님의 영광만이 드러나야 하며, 진정한 순종은 자신의 것을 내려놓는 데에서 시작된다는 사실을 다시금 마음에 새기게 되었습니다.

2008년 3월 19일(수) 보혈의 능력을 체험하다

어제 저녁, 남편이 보혈에 관한 책을 권해주어 저는 그 책을 정성스럽게 읽었습니다. 책을 다 읽은 후, 남편은 저에게 주님의 보혈의 능력에 대해 진지하게 이야기해 주었습니다. 그 말을 들은 후, 제 마음에는 자연스럽게 기도가 흘러나왔습니다.

주님의 보혈로 나를 덮으소서, 나를 보호하소서.

이 고백을 마음속으로 계속 되뇌며, 저는 깊은 평안 속에 잠이 들었습니다.

하지만 감기에 걸린 탓인지, 다음 날 아침 기도 시간에는 평소처럼 하나님의 영광을 온전히 체험하지 못했습니다.

남편은 제게 말했습니다.

몸이 아픈 것도 깨끗하지 못한 것이며, 일종의 죄의 증거이기도 해요.

그 후, 저는 성령의 기름 부으심에 관한 책을 읽기 시작했습니다. 책장을 넘기던 중, 제 머리 부위에 뜨거운 감각이 느껴졌습니다. 그 순간, 남편을 통해 성령님께서 말씀하셨습니다.

"기도하라."

저는 즉시 기도실로 들어가 무릎을 꿇고 영의 기도를 시작했습니다.

기도 중, 제 귀가 점점 뜨거워지기 시작했고, 이어서 귀 전체가 멍해지는 느낌이 계속되었습니다. 그리고 예수님의 보혈을 마음속으로 선포할 때마다 제 몸은 다시 뜨거운 열기로 가득 차올랐습니다. 저는 그날, 주님의 보혈의 능력을 깊이 체험한 하루였습니다.

기도 후, 성령님께서는 제게 이렇게 말씀해 주셨습니다.

"네 귀가 뜨거워지고 멍해진 것은, 육의 귀가 죽고 영의 귀가 열리는 징표이다. 이제 너는 세상의 어떤 말에도, 어떤 유혹에도 흔들리지 않는 영적인 귀를 갖게 된 것이다."

그 말씀은 저에게 큰 위로와 확신이 되었습니다. 하나님께서 제 안에서 점점 더 깊은 변화와 성령의 사역을 이루어 가고 계심을 다시금 느낄 수 있었던 귀한 은혜의 시간이었습니다.

2008년 3월 20일 (목) 책을 읽으면서 기름 부음이 스며들다

오늘도 저는 영적인 책을 읽고 있었습니다. 그런데 읽는 도중, 내 귀에서 무엇인가 꿈틀거리는 듯한 이상한 감각이 느껴졌습니다. 순간 당황했지만, 성령님께서 말씀해 주셨습니다.

"이 감각은 책을 쓰신 분의 기름 부으심이 너의 영에 깊이 스며들어, 네가 영적으로 완전히 이해하게 되었기 때문이란다."

비록 아직 저는 직접적인 하나님의 음성을 듣고 있지는 않지만, 내 안에 성령님이 살아 계시다는 것을 분명히 믿고 있습니다. 또한, 성령의 불의 역사와 기름 부으심이 실제로 내 삶 속에서 임하고 있음을 확신하고 있습니다.

그 영적인 책을 통해 저는 제 안에 임한 기름 부으심을 더욱 분명히 깨닫게 되었습니다. 그리고 매일 기도실에 들어가 기도할 때마다, 머리 부분에 따뜻한 감각이 이어지고 있습니다. 그 따뜻함은 단순한 육체의 감각이 아니라, 하나님께서 제게 지속적으로 기름 부으심을 내리시는 증거라는 것을 알게 되었습니다.

저는 이제 확신합니다. 하나님께서는 매 순간 저를 새롭게 하시고, 성령님의 능력으로 덧입히고 계십니다. 기도의 자리에서 임하는 그 따뜻한 기름 부으심은 하나님과의 친밀한 교제의 상징이며, 앞으로의 사역을 위한 하늘의 준비임을 믿습니다.

"너희는 주께 받은바 기름 부음이 너희에게 거하나니 아무도 너희를 가르칠 필요가 없고 오직 그의 기름 부음이 또 참되고 거짓이 없으니 너희를 가르치신 그대로 주 안에 거하라"(요일 2:27).

2008년 3월 21일(금) 기도 중에 기름 부음이 임하다

오늘도 기도실에서 간절히 기도하는 시간을 가졌습니다. 기도에 집중하고 있는 중, 어제 느꼈던 귀의 꿈틀거림이 다시금 계속해서 일어났습니다. 그 감각은 분명 영적인 반응이라는 것을 느낄 수 있었습니다.

성령님의 임재가 내 안에서 지속되고 있으며, 내 영이 점점 더 깨어나고 있다는 확신이 들었습니다. 이 작은 신체의 감각조차도 하나님의 손길임을 느끼며, 저는 더욱 깊은 묵상과 감사의 기도를 드릴 수 있었습니다.

하나님께서 나를 영적으로 민감하게 훈련하고 계시며, 기름 부으심은 계속해서 임하고 있음을 다시금 깨달은 은혜의 시간이었습니다.

"너희는 거룩하신 자에게서 기름 부음을 받고 모든 것을 아느니라"(요일 2:20).

2008년 3월 22일 (토) 기도 중에 귀가 꿈틀거리는 의미는

오늘도 기도실에서 간절히 기도하는 시간을 가졌습니다. 기도하는 동안, 어제와 마찬가지로 내 귀에 꿈틀거리는 감각이 계속해서 일어났습니다. 이 반복되는 영적인 반응에 저는 궁금해졌고, 오늘은 남편에게 성령님께 이 증상에 대해 여쭤봐 달라고 요청했습니다.

남편은 조용히 기도한 뒤 말해주었습니다.
그건 하나님의 음성을 듣기 바로 직전의 징표야!

그 말을 듣는 순간, 제 마음은 벅찬 감격으로 가득 찼습니다. 너무나 기뻤고, 흥분되기까지 했습니다. 마침내 하나님의 음성을 직접 들을 수 있는 순간이 다가오고 있다는 생각에 가슴이 뛰었습니다.
아, 하나님이 나를 이끄시는 길이 이제 점점 더 깊어지고 있구나!

저는 그날 하루 종일 설렘과 기대 속에서, 하나님께서 제게 어떤 말씀을 들려주실지 기다리며 감사의 기도를 올렸습니다. 하나님의 음성을 듣는 그날을 향해 한 걸음 더 가까이 다가간 것 같아, 마음속 깊은 곳에서부터 찬양이 흘러나왔습니다.

2008년 3월 23일 (주일) 불을 전하는 사역자가 되리라

　어느 날, 성령의 기름 부으심이 강하게 임한 여성 성령사역자 분의 동영상을 보게 되었습니다. 화면 속 그분의 모습은 마치 술에 취한 사람처럼 보였지만, 그 취함은 성령으로 충만하여 넘쳐나는 거룩한 임재의 모습이었습니다. 놀랍게도, 단순히 동영상으로 보는 것임에도 불구하고 그분의 성령 충만함이 저에게까지 전해지는 강한 감각을 느낄 수 있었습니다.

　그 기름 부으심이 저에게 전달되자, 제 몸 전체에 마치 열이 오르는 것처럼 뜨거운 기운이 퍼지기 시작했습니다. 단순한 감각 이상의 체험이었고, 제 안에서 성령의 불이 활활 타오르는 듯한 느낌이 들었습니다.

　그때, 성령님께서는 남편을 통해 또 한 번 놀라운 말씀을 전해주셨습니다.

　"네 아내는 하나님의 불을 전하는 놀라운 사역자가 될 것이다."
　그리고 이어서 이렇게 말씀하셨습니다.
　"앞으로 10년 후, 사방에서 네 아내를 부를 것이다."

그 말씀을 듣는 순간, 저는 충격과 감격에 휩싸였습니다. 너무나 부족한 저에게 주신 이 엄청난 축복의 말씀 앞에, 그저 눈물이 흐를 뿐이었습니다. 하나님께서 계획하신 놀라운 사역과 미래에 대한 비전을 받으며, 제 마음은 그분의 은혜에 온전히 무너졌고, 그 말씀을 가슴 깊이 새기며 다시금 감사와 순종을 고백하게 되었습니다.

"오직 성령이 너희에게 임하시면 너희가 권능을 받고 예루살렘과 온 유대와 사마리아와 땅 끝까지 이르러 내 증인이 되리라 하시니라"(행 1:8)

2008년 3월 24일 (월) 네 귀로 영 분별이 가능하다

오늘도 변함없이 기도의 자리에 앉았습니다. 기도에 집중하던 중, 또다시 귀에서 무엇인가 꿈틀거리는 감각이 느껴졌습니다. 그 감각은 익숙하면서도 분명한 영적인 반응이었습니다. 남편은 성령님을 통해 이렇게 전해주었습니다.

"네 귀로 영 분별이 가능하다."

그날은 남편과 함께 성령사역을 하고 있는 한국의 유명한 한 목사님의 설교 영상을 함께 보게 되었습니다. 말씀을 듣고 있는 도중, 갑자기 제 오른쪽 귀가 막히는 듯한 이물감을 느꼈습니다. 저는 즉시 그 이유를 물었고, 성령님께서는 말씀하셨습니다.

"듣지 않아야 할 말을 들었기 때문이다."

그 순간 저는 영적으로 잘못된 설교를 들었을 때, 내 귀가 반응한다는 사실을 깨달았습니다. 이는 하나님께서 제게 영 분별의 감각을 주신 것임을 확신할 수 있었습니다.

남편은 즉시 성령님께 그 목사님의 설교에 대해 여쭈었습니다. 그러자 성령님께서는 단호하게 말씀하셨습니다.

"누가 그런 소리를 하더냐? 나의 설교는 그런 것이 아니다. 하나님의 사랑을 변질되게 전하는 것은 죄 중에서도 큰 죄이다."

이 말씀은 제 마음에 깊은 울림을 남겼습니다. 하나님의 말씀은 진리이며, 그 사랑은 왜곡되거나 인간의 해석에 의해 가려져서는 안 된다는 것을 다시금 깨닫게 되었습니다. 그리고 하나님께서 내게 주신 귀의 영 분별 능력은 앞으로 사역 가운데 매우 중요한 도구가 될 것임을 확신하게 되었습니다.

> "어떤 사람에게는 능력 행함을, 어떤 사람에게는 예언함을, 어떤 사람에게는 영들 분별함을, 다른 사람에게는 각종 방언 말함을, 어떤 사람에게는 방언들 통역함을 주시나니"(고전 12:10).

2008년 3월 25일 (화) 캘리포니아로 떠나라

저희는 앞으로의 사역에 대해 하나님께 간절히 기도드렸습니다. 남편은 성령님께 여쭈었고, 성령님께서는 명확하게 말씀해 주셨습니다.

"이제 다른 곳으로 떠나도 좋다."

그 말씀을 들은 순간, 우리는 비로소 깨달았습니다. 권사님과 함께 개척하려던 일이 잘 풀리지 않았던 것도, 사실은 하나님께서 더 좋은 길을 열어주시기 위한 계획이었음을 말입니다. 성령님은 다시금 말씀하셨습니다.

"어디를 가든지 모든 것이 이미 준비되어 있으니, 걱정하지 말고 담대히 떠나라."

이 하나님의 약속에 믿음으로 응답하며, 저희는 가족이 있는 캘리포니아로 떠나기로 결단했습니다. 사실 저희 가족은 목회자 가정입니다. 8남매 중 다섯 남매가 현재 사역에 참여하고 있습니다. 큰언니는 싱가포르에서 선교사로 헌신하고 있으며, 다섯째 형부는 샌디에고 사랑의교회에서 부목사로 섬기고 있습니다. 오빠는 테마큘라 한인교회에서 찬양전도사로, 막내 남동생은 한국에서 열방대학에서 공부 중입니다.

겉으로 보기에는 매우 신앙이 깊은 가정처럼 보이지만, 실상은 하나님만을 온전히 섬기며 세상을 등지고 살아가는 가정은 거의 없었습니다. 특히 30년 동안 한국 제주도에서 목회를 하시다 은퇴하신 부모님께서도 미국으로 이주하신 이후, 영성의 흐름을 잃어버리신 모습을 보며 마음이 아팠습니다.

그래서 우리는 확신했습니다. 하나님께서 우리를 캘리포니아로 보내시는 첫 번째 사역은 바로 가족의 영성 회복이라는 것을. 이것이 하나님의 뜻이며, 우리가 가장 먼저 감당해야 할 사명임을 깨닫게 되었습니다.

비록 직장도 없고, 살 집도 정해지지 않았지만, 저희는 아브라함처럼 하나님의 비전을 붙잡고 믿음으로 떠나기로 작정했습니다. 하나님께서는 분명히 말씀해 주셨습니다.
"내가 너희와 함께하리라. 두려워 말고 떠나라."

그리고 성령님께서는 떠나는 날짜까지 정확히 말씀해 주셨습니다.

"4월 1일, 그날 떠나라."

이제 우리는 하나님의 인도하심을 믿고 순종의 발걸음을 내딛으려 합니다. 그 여정의 끝에는 분명 하나님의 영광이 드러날 줄 믿습니다.

"무릇 하나님의 영으로 인도함을 받는 사람은 곧 하나님의 아들이라"(롬 8:14).

2008년 3월 26일(수) 아내가 두려워하지만 괜찮을 것이다

아침에 일어나 여느 때처럼 기도의 자리에 앉았습니다. 저는 캘리포니아로 떠나기로 결단한 일을 놓고 간절히 기도드렸습니다. 마음속 깊은 곳에 남아 있는 두려움을 하나님 앞에 내려놓고자 했습니다.

사실 저는 캘리포니아로 가는 것이 조금 두려웠습니다. 4개월 전, 추수감사절을 맞아 캘리포니아에 있는 가족을 방문한 일이 있었습니다. 2박 3일간의 지루하고도 긴 여행이었지만, 오랜만에 가족을 만난다는 기대감에 가슴이 설 습니다. 남편은 결혼 후 8년 만에, 저는 5년 만에 가족을 방문한 자리였기 때문입니다.

하지만 막상 도착해서 마주한 가족들의 모습은 제 기대와는 많이 달랐습니다. 삶에 지쳐 여유를 잃은 얼굴들, 무거운 분위기 속에서 저는 실망과 걱정을 감출 수 없었습니다. 예전처럼 따뜻하게 반겨주는 분위기를 느낄 수 없었던 그 시간이 제 마음에 깊은 흔적을 남겼습니다.

그래서 다시 그 가족에게로 돌아간다는 생각만으로도 마음 한편에 걱정이 먼저 앞섰습니다.

그들이 이번에는 나를 어떻게 대할까? 라는 불안함이 떠나지 않았습니다.

그런 저를 하나님은 놓치지 않으셨습니다. 남편을 통해 성령님께서는 따뜻하게 말씀해 주셨습니다.

"아내가 조금 두려워하고 있지만, 괜찮을 것이다."

그 말씀을 듣는 순간, 제 마음은 한결 가벼워졌고 하나님의 위로와 격려가 온몸에 스며드는 듯했습니다. 하나님께서 앞서 가시고 계심을 확신하며, 저는 다시 한 번 믿음으로 순종의 걸음을 내딛기로 결심했습니다.

> "두려워하지 말라. 내가 너와 함께 함이라. 놀라지 말라. 나는 네 하나님이 됨이라. 내가 너를 굳세게 하리라. 참으로 너를 도와 주리라. 참으로 나의 의로운 오른 손으로 너를 붙들리라"(사 41:10).

2008년 3월 27일 (목) 믿음과 순종으로 결단하다

새로운 곳으로 이사 간다는 설레는 마음이 있었지만, 어느새 제 마음은 하나님보다 이사 준비에 더 쏠려 있는 것을 느꼈습니다. 하나님께 집중해야 할 때에, 오히려 세상적인 일에 더 마음을 빼앗기고 있다는 사실에 깊은 회개의 마음이 들었습니다.

저는 곧바로 하나님 앞에 무릎을 꿇고 회개했습니다. 그리고 다시 마음을 다잡아 하나님께 시선을 고정하고, 주님의 뜻에 집중하려고 노력했습니다. 하나님께서 나의 모든 여정을 인도하시고 계심을 다시금 마음에 새기며, 저는 순종과 믿음으로 이사 준비도 하나님과 함께 해 나가기로 결단했습니다.

"내가 네게 명령한 것이 아니냐? 강하고 담대하라. 두려워 하지 말며 놀라지 말라. 네가 어디로 가든지 네 하나님 여호와가 너와 함께 하느니라 하시니라"(수 1:9).

2008년 3월 28일 (금) 이웃과 송별의 식사를 나누며 불을 전하다

윗집에 사는 자매와 마지막으로 점심을 함께하게 되었습니다. 일반적으로 이사를 앞두고는 그동안 알고 지냈던 사람들과 식사하고 인사를 나누는 것이 예의일지 모르지만, 이번만큼은 그렇게 하고 싶지 않았습니다. 영성훈련이란 세상과의 단절 속에서 하나님의 뜻에 더욱 집중하는 삶이기 때문입니다. 사람들과의 만남이 잦아지면 자연스럽게 세상 이야기를 나누게 되고, 그 속에서 영적인 흐름이 끊기기 때문입니다.

더군다나 알고 지낸 이들 중에는 믿음이 없는 사람들도 있었기에, 그런 만남은 더더욱 허락할 수 없다는 마음이 강하게 들었습니다. 그러나 자매는 성령의 불을 받은 후 처음으로 거두었던 귀한 열매였습니다. 그래서 떠나기 전, 마지막으로 한 번은 만나 불을 다시 전해주고 싶다는 마음이 들었습니다.

자매님을 만났을 때, 처음 불을 받았던 때의 뜨거움보다는 다소 식은 듯한 느낌이 들었습니다. 식사를 하며 저는 조심스럽게 물었습니다.
자매님, 혹시 아직 담배를 피우고 계신가요?

자매님은 조금 머뭇거리며 네, 아직 피우고 있어요. 그런데 담배를 피우면 머리가 핑 돌아서 금방 꺼버리게 돼요 라고 말했습니다.

저는 그 말을 듣고 확신했습니다. 그것이 바로 성령의 불의 역사라는 것을. 성령의 불은 우리 안에 있는 모든 더러운 죄악을 태우고, 육신의 정욕과 악한 생각까지도 소멸시키기 때문입니다.

그 순간, 제 마음속에는 감사가 흘렀습니다. 하나님께서 불을 통해 자매의 삶을 변화시키고 계심을 분명히 볼 수 있었기 때문입니다. 이 짧은 만남을 통해 다시금 자매에게 성령의 불이 강하게 임하기를 간절히 소망하며, 저는 자매의 삶 속에 하나님의 역사하심이 계속되기를 기도하게 되었습니다.

"육의 생각은 사망이요 영의 생각은 생명과 평안이니라"(롬 8:6).

2008년 3월 29일 (토) 양부모님을 찾아뵙고 기도하다

아침 기도 시간에 저는 이삿짐을 다 가져가지 못하기 때문에 팔아야 할 것들을 생각하며 하나님께 간절히 기도드렸습니다.

하나님, 오늘 꼭 필요한 것들이 팔리게 해 주세요.

기도를 마친 후, 놀랍게도 4층에 사는 부부가 찾아왔습니다. 그들은 친정어머님이 멀리서 오셨다며 침대가 필요하다고 했고, 저희 집에 있는 접이식 소파를 구입하겠다고 말했습니다. 저는 이 일이 바로 하나님의 응답임을 확신했고, 너무나 기뻤습니다.

이후 저는 옆집에 사시는 양부모님 댁을 방문하게 되었습니다. 어머님께서는 편도선 수술을 받으신 뒤로 목소리가 잘 나오지 않는다고 하셨습니다. 그래서 저는 어머님의 목 부위에 성령의 불을 넣어드렸습니다. 별다른 통증이 느껴지지 않았기에, 큰 아픔은 없다는 것을 알 수 있었습니다.

다음으로 양아버지께 불을 넣어드리기 시작했습니다. 처음에는 큰 반응이 없었지만, 손에 저림이 느껴졌습니다. 문득 오래전 양아버지께서 심장 수술을 받으셨다는 말씀이 떠올랐습니다. 심장 기능이 약해 수술을 받으신 것이었습니다. 그래서 심장 부위에 손을 얹자, 제 팔목을 지나 팔 윗부분까지 강한 통증이 밀려왔습니다. 저는 이 감각이 단순한 현상이 아니라 성령님의 강력한 역사임을 확신하며 기도하는 마음으로 손을 얹고 있었습니다.

그때 제 머리에 현기증이 나고, 어떤 강력한 에너지가 몰려오는 느낌을 받았습니다. 저는 믿음으로 선포했습니다.

예수의 이름으로 명하노니, 심장은 다시 회복 될지어다!

집으로 돌아오는 길, 남편에게 그 느낌을 이야기했고, 남편이 성령님께 여쭈었더니 "불이 강하게 임했다. 심장이 제 기능을 하게 될 것이다"라고 응답해 주셨습니다. 저는 그 말씀을 듣고 하나님의 역사하심에 깊은 감사를 드렸습니다.

그날 저녁, 한 자매가 저희 집을 방문했습니다. 이 자매는 이혼 후 아들과 함께 살고 있었고, 직장에 다녀야 하기에 아들을 저희 집에 맡기고 있었습니다. 이전에는 다른 집에 아들을 맡겼었는데, 그곳에서는 아이가 욕설을 하고 어머니를 때리기까지 했다고 했습니다. 그러나 저희 집에서 저희 아이들과 함께 지내면서부터 아이의 성격이 밝아지고 욕설도 사라졌다고 하며 매우 기뻐했습니다.

자매는 이혼으로 인해 남편에 대한 깊은 상처를 가지고 있었고, 처음에는 마음의 문을 잘 열지 않았습니다. 그러나 저의 끊임없는 기도와 따뜻한 섬김을 통해 조금씩 마음을 열기 시작했습니다. 제가 보낸 이메일에도 고마움을 표현했고, 이날 저녁 저희 집을 방문했을 때, 저는 자매에게 불을 전해주었습니다.

그 순간, 제 팔에는 강한 저림과 함께 뼈가 아픈 고통이 느껴졌습니다. 저는 그 고통을 통해 자매가 얼마나 깊은 상처를 안고 살아왔는지를 느낄 수 있었습니다. 자매는 제게 말했습니다.
사모님은 정말 사모님 같으세요.
그 말은 제게 큰 위로가 되었고, 자매가 저희를 많이 의지하고 있음을 느낄 수 있었습니다.

자매는 저희가 이사 가는 곳으로 함께 이사 가고 싶다고 말하기도 했습니다. 하나님께서 우리를 통해 자매의 삶을 회복시키고 계심을 느끼며, 저는 감사와 감격으로 하루를 마무리했습니다.

> "너희는 세상의 빛이라. 산 위에 있는 동네가 숨겨지지 못할 것이요 사람이 등불을 켜서 말 아래 두지 아니하고 등경 위에 두나니 이러므로 집 안 모든 사람에게 비치느니라"(마 5:14-15).

2008년 3월 30일 ㈜일 정신적 장애인이 불을 받고 운전시험에 합격하다

주일예배를 덴버에서 마지막으로 드리는 날, 저희는 집에서 데이빗과 함께 예배를 드렸습니다. 그 순간은 저희 가족에게도, 데이빗에게도 특별한 시간이었습니다. 이 기회를 빌어 데이빗에 대한 이야기를 나누고자 합니다.

데이빗은 약 3년 전, 캘리포니아에서 덴버로 이사 왔습니다. 자동차 칼리지에 입학하기 위해서였고, 남편의 동기 목사의 조카라는 인연으로 저희 교회에 출석하게 되었습니다. 그러나 데이빗은 여러 가지 문제를 안고 있었습니다. 가장 큰 문제는 정신석인 어려움이있습니다. 중학교 시절부터 정신질환 관련 약을 복용해왔고, 그로 인해 재정관리 능력이 부족했습니다. 돈이 생기면 절제 없이 모두 써버리곤 했습니다.

하지만 저희는 그를 한 번도 꾸짖지 않았고, 항상 사랑으로 대해주었습니다. 저희 집은 방이 두 개였고, 저희 가족은 큰 방에서 함께 지냈으며, 데이빗은 다른 방을 사용했습니다. 그의 생활습관은 매우 불규칙하고 무질서했습니다. 식사 때마다 숟가락과 젓가락도 챙기지 않았고, 먹은 그릇에 물을 담가 놓으라고 수차례 말했지만, 수돗물 트는 것조차 귀찮아했습니다. 편식도 심해서 고기만 먹고 야채는 거들떠보지도 않았으며, 함께 식사하면 더 편할 텐데도 늘 혼자 밥을 먹어 저는 매번 식사를 챙기는 것이 힘들었습니다.

그럼에도 불구하고 남편은 늘 데이빗의 장점을 보았습니다. 지각하지 않고 학교에 성실히 다니는 모습, 어린 나이임에도 열심히 일하는 태도, 그리고 조금씩 마음을 여는 변화까지 남편은 소중하게 여겼습니다.

그러던 어느 날, 남편이 성령의 음성을 듣고 처음으로 집에서 예배를 드리게 된 날이었습니다. 어떻게 예배를 인도할지 고민하던 남편은 성령님께 여쭈었고, 성령님은 데이빗을 위한 말씀을 전하라고 하셨습니다. 그날 설교 본문은 요한복음 14장 14절이었습니다.

"내 이름으로 무엇이든지 내게 구하면 내가 시행하리라."

그러나 남편은 동시에 죄가 있으면 그 기도가 이루어지지 않는다는 말씀도 전했습니다.

며칠 후, 데이빗이 퇴근하고 와서 영적인 질문을 하기 시작했습니다. 함께 대화를 나누며 데이빗은 놀라운 고백을 했습니다. 전날 차를 타고 가던 중, 갑자기 "내 인생은 어떻게 되는 걸까?"라는 생각이 들었다고 합니다. 그 순간 남편의 설교가 떠올랐고, 자신의 죄 때문에 응답을 받지 못할 것이라는 두려움이 생겼다고 합니다. 그러자 갑자기 회개가 터져 나왔고, 생각나는 모든 죄를 하나님 앞에 회개하며 눈물을 흘렸다고 했습니다. 운전조차 할 수 없을 정도로 눈물이 쏟아졌다고 합니다.

그렇게 마음을 쏟아 회개한 후, 그는 직장으로 향했습니다. 당시 데이빗은 UPS 운전사로 정식 채용을 앞두고 있었는데, 운전시험에서 실수로 기회를 놓쳐버린 상황이었습니다. 남편은 성경 말씀을 들어 "계속해서 간청하라"고 조언해주었습니다. 데이빗은 그 말씀을 믿고 사무실에 찾아가 간청했는데, 놀랍게도 직원이 자료를 확인하며 말했습니다. "너는 시험에서 떨어진 기록이 없다. 언제든지 다시 시험을 봐도 된다."

명백히 떨어졌던 시험이 기록에서 사라져 있었던 것입니다. 그 순간 데이빗은 하나님께서 역사하셨음을 확신하게 되었습니다. 그것은 데이빗이 경험한 놀라운 성령세례의 열매였습니다. 그는 이제 진정으로 하나님을 알아가고 있으며, 그 시작은 하나님의 말씀과 회개의 눈물이었습니다.

이처럼 덴버에서의 마지막 예배는 단순한 작별이 아니라, 하나님의 은혜가 새롭게 시작되는 순간이었습니다.

2008년 4월 1일 ㈔ 불을 받고 분노를 절제하다

성령님께서 분명히 말씀하신 대로 우리는 정확히 4월 1일에 이사를 하게 되었습니다. 솔직히 말하면, 이렇게 빨리 이사할 줄은 꿈에도 몰랐습니다. 그런데 돌이켜보니 성령님께서 하신 말씀이 이루어지기 위해 모든 일이 일사천리로 준비된 것 같았습니다.

이삿날 아침, 나는 하나님께 간절히 기도했습니다. 전날 날씨가 너무 춥고 눈까지 내렸기에, 하나님께 특별한 부탁을 드렸습니다.

주님, 오늘은 화창한 날씨를 허락하셔서 우리가 가는 길을 축복해 주신다는 표시를 보여주세요.

덴버를 떠나기 위해선 높고 험한 록키산맥을 넘어서야 했습니다. 덴버에서 눈이 조금이라도 내리면, 록키산맥은 그야말로 폭설로 뒤덮이는 경우가 많았습니다. 날씨가 나쁘면 어떤 차량도 산맥을 넘기 어렵습니다. 그래서 이사의 성패가 날씨에 달려 있었습니다.

기도를 마치자, 마치 하나님께서 내 기도를 듣고 계셨던 것처럼 해가 눈부시게 떠올랐습니다. 바람은 여전히 쌀쌀했지만, 맑고 화창한 날씨가 우리를 맞이했습니다. 덕분에 우리는 무사히 덴버를 떠날 수 있었습니다.

"너희가 내 안에 거하고 내 말이 너희 안에 거하면 무엇이든지 원하는 대로 구하라 그리하면 이루리라."(요 15:7)는 말씀을 생생하게 체험한 순간이었습니다.

우리는 짐을 차에 가득 싣고 캘리포니아를 향해 출발했습니다. 가슴이 벅차오르면서도 떨리고, 동시에 미지의 여정에 대한 두려움이 마음속에 가득했습니다. 그렇게 덴버를 떠난 지 다섯 시간이 지났을 무렵, 콜로라도 주를 벗어나자 마음 깊은 곳에서부터 설명할 수 없는 평안이 찾아왔습니다.

그날 저녁, 나는 우리와 함께 여행을 떠난 데이빗과 대화를 나누며 물었습니다.
데이빗, 성령의 불을 받고 난 뒤 너에게 어떤 변화가 있었니?

사실 전날 데이빗에게는 마음을 크게 흔드는 일이 있었습니다. 2년 전, 데이빗은 교인 한 명에게서 차를 2,200불에 샀는데, 알고 보니 실제 가치는 1,500불 정도였습니다. 이미 2,000불은 지불했고 200불만 남은 상태였지만, 데이빗은 자신이 속았다고 느껴 더 이상 지불하지 않겠다고 마음먹고 있었습니다.

차를 판 자매는 이미 다른 교회로 떠났고, 서로의 관계는 멀어졌습니다. 그런데 우리가 이사를 가기 바로 전날, 그 자매가 기막힌 타이밍에 전화를 걸어왔습니다. 거짓말을 하지 못하는 나는 어쩔 수 없이 내일 이사를 간다고 말했고, 그녀는 즉시 그럼 200불을 지금 꼭 받아야겠다고 고집했습니다. 결국 데이빗은 울며 겨자 먹기로 200불을 지불했습니다. 자매가 돈을 받아간 후, 데이빗은 몹시 화가 났습니다.

그 이야기를 듣던 나는 데이빗에게 조심스레 물었습니다. 그의 대답은 놀라웠습니다. 예전 같았으면 화가 나서 적어도 한 달은 분이 풀리지 않았을 거예요. 그런데 이번엔 이상하게 화가 치밀자마자 화를 내면 죄가 되는 거지라는 생각이 들어 곧바로 마음이 차분해졌어요.

데이빗의 고백을 듣는 순간, 내 안에 말할 수 없는 감동과 감사함이 밀려왔습니다. 성령님께서 그 마음에 불을 주시자 그의 심령 속에 놀라운 변화가 일어난 것이었습니다. 데이빗은 헤어지기 전에 나에게 다시 한 번 안수기도를 부탁했습니다. 나는 하나님의 살아 계심과 우리 가운데 행하시는 놀라운 역사를 실감하며, 그를 위해 기도했습니다.

"이기기를 다투는 자마다 모든 일에 절제하나니…우리는 썩지 아니할 것을 얻고자 하노라"(고전 9:25).

2008년 4월 2일㈜ 라스베가스에서 악령의 공격을 받다

유타를 지나 라스베가스에 살고 계신 고모부님을 만나기 위해 우리는 라스베가스에서 하룻밤을 머물기로 했습니다. 이동 중 고모부님께 전화를 드렸더니 고모부님은 돈을 모아 리노 지역으로 이사할 계획이라고 하셨습니다. 남편이 고모부님에 대해 성령님께 여쭤봤을 때, 성령님께서는 리노를 타락한 소돔과 고모라와 같은 지역이라 말씀하셨고, 고모부님이 지금 돈을 섬기고 있다고 알려주셨습니다.

우리는 그 말을 듣자마자 고모부님에 대한 안타까움이 밀려왔습니다. 예전에 특별한 성령 체험까지 하셨던 분이 지금은 돈 버는 일에 매달려 신앙생활마저 제대로 하지 못하고 계셨기 때문입니다.
남편이 성령님께 다시금 여쭤봤을 때 성령님은 "하나님의 특별한 체험을 가졌던 사람이 타락하면 지옥에 간다."고 말씀하셨습니다.

고모부님을 만났을 때는 너무 바쁜 시간이라 깊은 이야기를 나눌 수 없었습니다. 하지만 성령의 불을 전해야 한다는 느낌이 내 손이 저려오는 것으로 분명하게 느껴졌습니다. 그러나 너무나도 바쁜 상황 때문에 결국 불을 전하지 못하고 돌아와야 했습니다.

우리는 고모부님이 너무나 안타까웠습니다. 고모부님과 헤어지고 예약한 숙소로 돌아오는 길, 갑자기 머리가 아프기 시작했습니다. 남편 역시 머리가 아프다고 했습니다. 지금까지의 경험상 영적으로 좋지 않은 세력이 강한 지역에 있을수록 영적 공격으로 인해 두통이 생기는 것을 알 수 있었습니다.

함께 있던 데이빗이 기왕 라스베가스를 지나가니 구경이나 하자고 제안했습니다. 차가 한 대뿐이라 어쩔 수 없이 동행했습니다. 네온사인이 화려하게 빛나는 라스베가스의 밤거리를 걸을 때마다 남편과 나는 계속 머리가 아팠고, 분수 쇼를 보기 위해 카지노를 통과할 때면 두통은 더욱 심해졌습니다. 남편과 나는 이 악한 영의 영향력으로부터 하루빨리 벗어나고 싶은 마음뿐이었습니다.

숙소로 돌아오니 라스베가스에 사는 친구가 저녁에 만나자는 연락을 해왔습니다. 몸 상태가 좋지 않아 나가고 싶지 않았지만, 아직 예수님을 영접하지 않은 친구에게 영성에 대해 나눌 기회라는 생각에 만나기로 했습니다.

친구와 밤거리를 걷기 시작하자마자 현기증이 날 정도로 어지러웠습니다. 친구가 걱정할까봐 나는 어제 잠을 못 자서 좀 피곤하다고 말했습니다. 친구는 최근 라스베가스에 세워진 에펠타워를 보여주겠다고 했습니다. 그곳에 가기 위해선 카지노 밀집 지역을 지나가야만 했습니다. 카지노 지역을 통과하는 동안, 내 손가락이 퉁퉁 붓기 시작했습니다. 확실히 악한 영적 세력의 영향이었습니다.

그런데 놀랍게도 에펠타워에 도착해 엘리베이터를 타고 정상으로 올라가자 갑자기 머리가 맑아졌습니다. 시원한 공기가 얼굴에 닿자 신기하게도 두통이 사라졌습니다.

친구와 간단히 커피를 마신 뒤 숙소로 돌아온 나는 곧바로 예수님의 피를 내 몸과 마음에 뿌리며 악의 세력으로부터 나 자신을 깨끗하게 정결케 하는 기도를 드렸습니다. 그렇게 보혈을 의지하자 마음과 몸에 평안이 찾아왔고, 나는 비로소 안심하며 잠자리에 들 수 있었습니다.

"근신하라. 깨어라. 너희 대적 마귀가 우는 사자 같이 두루 다니며 삼킬 자를 찾나니 너희는 믿음을 굳건하게 하여 그를 대적하라"(벧전 5:8-9a).

2008년 4월 3일 (목) 아버지의 상처 때문에 기도하다

아침에 일어나 남편에게 어젯밤 손이 많이 부었었다고 말했습니다. 남편은 그런 증상에 대해 성령님께 여쭤보았고, 그것이 악의 공격 때문이라고 말씀해 주었습니다.

우리는 라스베가스를 빨리 벗어나고 싶은 마음에 거의 새벽 무렵 숙소를 나섰습니다. 라스베가스의 카지노 지역을 벗어나자 남편과 저는 신기하게도 두통이 말끔히 사라지는 것을 느꼈습니다.

드디어 14시간의 긴 여정 끝에 마지막 목적지에 도착했습니다. 콜로라도에서 캘리포니아로 무사히 건너온 것입니다. 우리는 먼저 동행했던 데이빗의 집에 들렀습니다. 그곳에서 데이빗의 이삿짐을 모두 내려놓고 그와 작별했습니다. 데이빗은 아버지의 집에서 새로운 삶을 시작하게 될 것입니다.

우리는 데이빗과 헤어지고 나서 최종 목적지인 테마큘라로 향했습니다. 테마큘라에 도착하자 남편과 저는 마음 깊은 곳에서 기쁨과 평안이 차올랐습니다. 그곳엔 이미 많은 가족들이 살고 있었습니다. 둘째 언니와 셋째 언니, 다섯째 언니와 오빠가 그곳에 정착해 있었습니다. 부모님도 넷째 언니의 집에서 함께 생활하고 계셨습니다.

언니의 집에 들어서자 부모님께서 반갑게 맞아주셨습니다. 사실 가족을 만나면 꼭 성령의 불을 전해야겠다는 마음을 품고 있었습니다. 아버지와 이야기를 나누던 중 성령님께서 불을 전하라는 신호를 주셨습니다.

저는 가슴에 손을 얹었지만 처음엔 별다른 느낌이 없었습니다. 기도하는 가운데 갑자기 아버지께서 사고로 다리를 다치셨다는 생각이 들었습니다. 저는 아버지에게 다친 다리를 보여 달라고 부탁드렸습니다. 아버지는 왼쪽 바지를 걷어 올리고 양말을 내려 상처 부위를 보여주셨습니다. 발목 윗부분의 피부는 심하게 손상되어 검게 변색되어 있었고, 군데군데 심하게 부어 있었습니다.

저는 상처 부위에 손을 대고 성령의 불을 전하기 시작했습니다. 성령님께서 치료하신다는 확신을 가지고 간절히 기도하며 방언으로 "예수님의 이름으로 명하노니, 다리의 기능은 회복될시어다!" 하고 강하게 선포했습니다. 그러자 제 팔에 강렬한 통증이 느껴졌고 손과 손목이 매우 저려왔습니다. 약 2~3분이 지나자 그 통증은 팔 전체로 퍼졌다가 서서히 사라지기 시작했습니다. 항상 그렇듯, 불 전이가 끝날 때는 통증이 자연스럽게 사라지기에 쉽게 알 수 있었습니다.

손을 떼고 아버지의 상처를 다시 확인하니 부어있던 부분이 눈에 띄게 가라앉아 있었습니다. 저는 성령님께서 아버지의 다리를 치료하셨음을 확신했습니다.

"믿는 자들에게는 이런 표적이 따르리니 곧 그들이 내 이름으로 귀신을 쫓아내며 새 방언을 말하며...병든 사람에게 손을 얹은즉 나으리라"(막 16:17-18).

2008년 4월 4일 (금) 기도한대로 이사 갈 집을 주셨다

어제 오후부터 우리 가족은 아파트를 찾아 나섰습니다. 처음 도착했을 때 언니는 자기 집에 잠시 머물라며 배려를 해 주었지만, 저는 그런 신세를 지고 싶지 않았습니다. 무엇보다 성령님의 도우심을 철저히 의지하고 싶어서 서둘러 우리가 머물 수 있는 아파트를 찾기 시작했습니다.

성령님께서 우리가 이곳에 도착한 바로 그날 아파트를 구하게 될 거라고 말씀하셨기에, 믿음을 가지고 서둘렀습니다. 하지만 우리에게는 돈이 없었습니다. 아파트를 계약하려면 당장 필요한 돈이 있었지만, 은행 계좌엔 여유가 없었습니다. 그럼에도 불구하고 성령님의 말씀을 믿고 우리는 무작정 아파트를 찾아 나섰습니다. 돈이 없어도, 방법이 없어도, 오직 성령님의 말씀 하나만 믿고 나간 것이었습니다.

첫 번째 아파트는 너무나 복잡한 서류 절차에 일주일이나 걸린다고 했습니다. 그 즉시 우리는 그곳이 하나님이 예비하신 장소가 아님을 느꼈습니다.

두 번째 아파트는 언니 집에서 불과 5분도 채 걸리지 않는 가까운 곳이었습니다. 하지만 방향이 북쪽이어서 마음에 걸렸습니다. 저는 기도할 때마다 '언니 집과 가까우면서도 꼭 남쪽 방향의 밝은 집을 주세요' 라고 기도해왔기 때문입니다. 그러나 급한 마음에 일단 서류를 넣기로 했습니다.

그런데 놀랍게도 아침에 은행 계좌를 확인했을 때 4천불이 넘는 돈이 정확히 입금되어 있었습니다. 정부에서 지원해 주는 세금 환급금이 정확한 때에 들어온 것입니다. 만약 이 돈이 들어오지 않았다면 다른 가족에게 급하게 돈을 빌려야 했습니다. 그러나 정확히 때맞추어 성령님께서 이 돈을 보내 주신 것입니다. 그 기적 같은 타이밍에 저는 성령님의 완벽한 계획에 또 한 번 놀라고 말았습니다.

하지만 기쁨도 잠시, 두 번째 아파트에서는 보증인이 필요하다고 했습니다. 우리는 당황하며 이 지역에 사는 다섯 명의 가족들에게 전화를 돌렸지만 돌아온 대답은 하나같이 NO였습니다. 심지어는 보증을 서고 싶어도 신용이 나빠서 도울 수 없는 가족도 있었습니다. 절망감이 밀려왔습니다. 남편은 초조해졌고 급기야는 내게 "어떻게든 보증인을 찾아!"라고 강하게 요구했습니다. 하지만 이미 모든 가족으로부터 거절당한 상태였고, 마음은 점점 더 무거워졌습니다.

그때부터 마음이 무너질 듯 괴로웠습니다. 남편은 성령님의 말씀이 꼭 이뤄지길 간절히 바라며 보증인을 찾으러 했지만, 성령님은 아무런 응답도 주지 않으셨습니다. 경험상 성령님께서 침묵하시는 건 그 일이 허락되지 않았음을 의미했기 때문에 마음이 더욱 혼란스러웠습니다.

시간은 점점 흘러갔습니다. 그날 오후가 되어가자 우리는 다시 한 번 힘을 냈습니다. 남편은 급히 인터넷에서 이사 오기 전에 미리 저장해둔 아파트 목록을 다시 뒤지기 시작했습니다. 세 곳 정도 아파트를 선택해 서둘러 찾아가기로 했습니다. 하지만 고속도로는 심하게 막혀 있었고, 이미 오후 늦은 시간이었기에 모든 아파트를 다 방문할 수는 없을 것 같았습니다. 결국 우리는 가까운 아파트부터 가보기로 했습니다.

그런데 아파트로 가는 길에 갑자기 성령님께서 내 마음에 작은 감동을 주셨습니다.

내 이름으로만 서류를 넣어보면 어떨까?

남편에게 조심스럽게 그 생각을 전했고, 남편도 동의했습니다. 아파트에 도착해 간절히 기도하며 서류를 작성했습니다. 그리고 얼마 지나지 않아 직원이 내게 미소를 띠며 말했습니다.

축하드려요! 신용이 좋아서 오늘 바로 입주가 가능합니다!

할렐루야! 그 순간 마음이 벅차올랐습니다.

곧 바로 우리는 입주할 아파트를 둘러보았습니다. 그런데 이게 웬일입니까! 내가 기도했던 모습 그대로의 집이 눈앞에 펼쳐졌습니다. 남쪽으로 밝게 트인 아파트였고, 언니 집과도 매우 가까웠습니다. 게다가 보증인을 요구하지도 않았고, 전에 본 그 어떤 아파트보다 훨씬 아름다웠습니다. 심지어 넓고 멋진 뒤뜰까지 있었고, 그 너머에는 맑고 아름다운 호수가 보였습니다. 창문을 열자 새들의 아름다운 노랫소리가 귓가에 들려왔습니다.

내가 생각하고 기도했던 것보다 훨씬 좋은 곳이었습니다. 우리는 너무나 행복하고 감격스러웠습니다. 열쇠를 받아 나오면서 남편과 나는 서로를 마주 보며 눈물을 글썽였습니다. 성령님께서 말씀하신 그대로 정확한 날짜와 시간에 이뤄진 기적을 경험하며, 하나님께서 우리와 얼마나 세심하고 섬세하게 동행하고 계시는지를 깊이 깨닫게 되었습니다.

이 집은 성령님께서 주신 놀라운 선물이었고, 그분의 신실하심과 완벽하신 계획에 다시 한 번 감사를 올렸습니다.

"너희 중에 지혜가 부족하거든 모든 사람에게 후이 주시고 꾸짖지 아니하시는 하나님께 구하라. 그리하면 주시리라"(약 1:5).

2008년 4월 5일 (토) 남편의 기도로 발목을 치료받다

어제 성령님께서 이사를 해도 된다고 허락하셔서, 마음은 이미 큰 기쁨으로 가득했습니다. 비록 하루가 지나 오늘에서야 이사를 시작했지만, 성령님의 말씀에 불순종한 것은 아니었습니다. 이미 말씀하신 대로, 어제 우리는 이사를 할 수 있는 환경이 완벽히 준비되어 있었으니까요.

이삿짐 옮기는 일은 남편과 친정아버지, 그리고 나 이렇게 단 세 사람이 다 했습니다. 짐을 옮기며 시계를 보니 놀랍게도 1시간 반 만에 다 끝내고 말았습니다! 집이 1층이라 빠르게 진행된 것도 있었지만, 무엇보다 내 몸 상태가 놀라울 정도로 좋았습니다. 친정아버지 또한 건강하게 힘을 내 주셨기 때문입니다.

사실 저는 5년 전 발목이 크게 부러져 대수술을 받은 적이 있었습니다. 지금도 발목 안에는 큰 쇠못과 작은 쇠못 여러 개가 박혀 있고, 조금만 오래 서 있거나 걸으면 금세 붓고 아팠습니다. 뛰거나 달리는 건 생각조차 할 수 없는 일이었습니다.

그런데 남편이 성령의 불을 받은 이후부터는, 내 마음 속에서 작은 소망이 피어나기 시작했습니다.

남편에게 안수 기도를 부탁하면, 혹시 하나님께서 내 다리도 치료해 주시지 않을까? 하는 믿음이 생긴 것입니다. 그래서 남편에게 조심스럽게 다리를 내밀었습니다.

남편은 아무 망설임도 없이 내 발목 위에 손을 얹었습니다. 그리고 성령님께서 주시는 말씀대로 담대하게 선포했습니다.

아내의 다리는 예전처럼 건강한 다리로 회복될지어다!

남편의 목소리가 힘 있게 방안을 울렸습니다. 두 번 정도 명령하는 기도를 했을 때였습니다. 약 5분쯤 지났을 무렵, 갑자기 남편이 손을 떼었습니다. 남편은 안수를 멈추는 순간조차 성령님의 지시에 따른다고 늘 말하곤 했습니다.

두근거리는 마음으로 조심스럽게 일어서 봤습니다. 그런데, 이럴 수가! 발목에서 느껴지던 그 익숙한 통증이 전혀 없었습니다. 놀라움과 감격으로 마음이 떨렸습니다.
정말 나은 걸까?
믿기 어려워 제자리에서 빠르게 걸어보고 살짝 뛰어도 보았습니다. 완벽히 건강해져 있었습니다.
할렐루야!

그 이후론 단 한 번도 발목이 붓거나 아프지 않았습니다. 오늘 이삿짐을 옮길 때도 전혀 불편하지 않았습니다. 오히려 예전보다 더 힘이 넘쳤습니다. 남편은 짐을 옮기면서도 걱정스러운 눈빛으로 나를 보곤 했는데, 일이 끝난 후에도 발목이 건강한 나를 보며 감탄을 감추지 못했습니다. 우리 부부는 하나님께서 확실히 내 발목을 치료하셨다는 것을 깊이 깨달았습니다. 하나님께 감사의 눈물이 절로 흘러내렸습니다.

"그가 채찍에 맞으므로 우리는 나음을 받았도다"(사 53:5b).

"병든 사람에게 손을 얹은즉 나으리라"(막 16:18b).

2008년 4월 6일 (주일) 어머니와의 영적 전쟁

아버지는 한 달 전부터 하나님의 음성을 듣기 위해 간절한 마음으로 기도하고 계셨습니다. 그래서 어제 테마큘라에 도착한 직후 바로 한번 성령의 불을 전했고, 어제 오후에도 차 안에서 아버지께 성령의 불을 전했습니다. 그때 불이 아버지에게 강하게 임했고, 놀라운 증상이 아버지를 찾아왔습니다.

오늘 아침 식사 때, 아버지는 흥분된 목소리로 우리에게 자신의 놀라운 체험을 이야기했습니다.

"내 왼쪽 귀에서 꼭 물이 솟아오르는 느낌이 계속 드는구나!"

남편이 곧장 성령님께 그 증상의 의미를 물었고 성령님께서는 그것이 바로 하나님의 음성을 듣게 될 전조라고 말씀해 주셨습니다. 아버지는 마치 어린 아이처럼 기뻐하셨습니다.

며칠 전부터 남편은 이번 주일 예배에서 누가 설교를 맡아야 하는지 성령님께 물었었는데, 성령님께서는 놀랍게도 "장인어른께 설교를 맡기라"고 하셨습니다. 아버지께 이 말씀을 드렸더니 흔쾌히 응하셨고, 비록 가정에서 드리는 예배였지만 은혜롭고 뜨거운 시간이었습니다.

예배가 끝나고, 남편은 성령님의 인도하심대로 아버지께 안수 기도를 시작했습니다. 아버지의 머리와 가슴, 그리고 오랫동안 아파하시던 왼쪽 무릎 위에 손을 얹고 불을 전했습니다.

그런데 그 순간, 옆에서 설거지를 하고 계셨던 엄마가 갑자기 크게 화를 내시며 그릇 닦는 솔을 싱크대에 던지며 소리를 질렀습니다.
"뭐 하는 짓이야! 다 싫어, 다 싫어!"
엄마 안에 있는 불신과 분노가 폭발한 것입니다. 저는 급히 엄마에게 달려가 크게 껴안고 달래드렸습니다. 하지만 엄마의 화는 쉽게 가라앉지 않았습니다.
엄마, 엄마는 지금 육신에 속한 생각으로 그래.
이 말을 듣자 엄마는 더 화를 내셨고 급기야 자기 방으로 들어가셨습니다. 집안 분위기가 차갑게 얼어붙었습니다.

그때 저는 엄마가 계신 방을 향해 간절히 중보 기도를 드렸고 보혈을 뿌렸습니다. 잠시 후 엄마는 방에서 나오셨는데, 놀랍게도 이미 마음이 평온해져 있었습니다. 전에는 엄마가 화를 내면 오래 갔던 터라 이번 일로 하나님의 특별한 보호하심을 느꼈습니다.

이날 저녁 남편이 엄마에 대해 성령님께 여쭤봤는데, 성령님은 엄마 안에서 마귀가 역사했고, 엄마 주변엔 항상 마귀가 기회를 엿보고 있다고 경고하셨습니다. 엄마를 위해 기도와 중보가 반드시 필요함을 깊이 깨달았습니다.

"육체의 소욕은 성령을 거스르고 성령은 육체를 거스르나니 이 둘이 서로 대적함으로 너희가 원하는 것을 못하게 하려 함이니라"(갈 5;17).

"육신의 생각은 하나님과 원수가 되나니 이는 하나님의 법에 굴복하지 아니할 뿐 아니라 할 수도 없음이라"(롬 8:7).

2008년 4월 7일 (월) 성령님께서 기도할 공간을 알려주시다

　오늘 가족들을 만나는 자리에서 마음에 뜨거운 기대를 품고 불을 전했지만, 아무도 그 불을 원하거나 사모하지 않았습니다. 오히려 내가 전하는 불을 부담스러워하며, 심지어 엄마는 아주 노골적으로 거부하는 모습을 보였습니다. 그런 가족들의 차가운 반응에 마음이 무겁게 내려앉았습니다. 왠지 모를 서운함과 슬픔, 그리고 쓰린 감정들이 내 가슴 속에 한동안 머물렀습니다.

　다음 날 아침, 눈을 뜨자마자 나는 언제나 하던 대로 가슴에 손을 얹고 기도를 시작했습니다. 그런데 가족들을 생각하며 기도하려 손을 얹은 순간, 다른 사람에게 불을 전할 때와 똑같은 통증이 내 손에서부터 느껴지기 시작했습니다. 손끝이 찌릿찌릿하게 아려왔습니다. 마치 다른 사람에게 성령의 불을 전할 때 나타나던 바로 그 통증이었습니다.

　나는 그 순간, '아, 나에게도 이렇게 불을 전할 수 있구나!' 라고 깨닫고는 조용히 그 자리에 가만히 앉아 성령의 불이 내 몸속 깊숙이 흘러 들어오는 것을 느꼈습니다. 손끝의 아픔은 서서히 사라졌고, 대신 가슴 깊은 곳에 자리 잡고 있던 어둡고 불편한 감정들이 씻겨 나가는 듯한 개운함이 밀려왔습니다. 마치 어두운 마음속의 먼지를 말끔히 씻어낸 것처럼 내 안에 평안이 찾아왔습니다.

그때 깨달았습니다. 가족들에게 불을 전할 때 성령님의 허락이나 신호가 없었는데도, 내 열심과 조급함 때문에 섣불리 나섰던 것이 오히려 잘못이었음을 말입니다. 또한 하나님께서는 결코 원치 않고 사모하지 않는 사람들에게 억지로 불을 전하지 않으신다는 사실을 새롭게 깨달았습니다. 사모하는 자, 간절히 원하는 자에게만 하나님께서는 성령의 불을 부어주시는 것입니다.

새로운 아파트로 이사 온 후로 한 가지 불편한 점이 있었습니다. 전에는 옷장이 넓어 그곳에서 조용히 기도할 수 있었는데, 이곳은 그런 공간이 마땅치 않았던 것입니다. 결국, 처음엔 화장실에서 기도할 수밖에 없었습니다. 한국이었다면 화장실에서 기도한다는 것은 상상조차 하기 어려운 일이지만, 다행히 미국의 화장실은 방처럼 깨끗했습니다. 그래도 조금은 마음이 편하지 않았습니다.

남편도 마찬가지였습니다. 좁은 옷장 안에 겨우 몸을 구겨 넣고 기도하던 남편은 하나님께 간절히 물었습니다.

하나님, 저희가 편하게 기도할 수 있는 공간을 마련할 수는 없을까요?

그때 성령님께서 아주 명확하게 말씀해 주셨습니다.

"밖에 작은 창고가 있다. 그곳을 개조해서 기도실로 만들어 사용해라."

남편은 성령님의 말씀을 듣자마자 기뻐하며 나에게 그 내용을 전했습니다. 왜 우리가 그 생각을 미처 못 했을까? 하며 웃었습니다. 기쁜 마음으로 함께 작은 창고로 달려갔고, 그곳을 아름답고 아늑한 기도실로 바꾸기 시작했습니다. 창고 벽에는 커튼을 예쁘게 치고, 바닥엔 부드러운 카펫을 깔았습니다. 그 위에 이불을 펴놓으니 아늑한 느낌이 들었습니다. 작은 십자가를 벽에 붙이고, 박스 위에 하얀 천을 덮고 성경책을 올려놓자 누구라도 인정할 만한 멋진 기도 방이 되었습니다.

기도실을 완성하고 그 자리에 앉아보니 가슴이 벅차오르는 기쁨과 감사가 밀려왔습니다. 하나님께서 우리에게 이렇게 기도할 수 있는 특별한 공간을 마련해 주신 것 같아, 진심으로 감사와 감사를 올려드렸습니다.

"너는 기도할 때에 네 골방에 들어가 문을 닫고 은밀한 중에 계신 네 아버지께 기도하라. 은밀한 중에 보시는 네 아버지께서 갚으시리라"(마 6:6).

2008년 4월 8일 (화) 방언이 한 단계 올라가다

　오늘 아침도 평소처럼 기도실에 들어가 방언으로 기도를 시작했습니다. 그런데 얼마 지나지 않아 내 입술에서 나오는 방언 소리가 평소와 다르다는 걸 깨달았습니다. 분명히 내가 하던 방언이 맞는데 어딘지 조금 더 힘 있고 선포하는 듯한 느낌이었습니다.
　어? 이거 왜 이러지? 하는 궁금증이 생겨서 기도를 마치고 바로 남편에게 가서 물었습니다.

　남편은 잠시 눈을 감고 성령님께 여쭤보았습니다. 그러자 남편은 미소를 지으며 내게 말했습니다.
　당신의 방언이 달라진 이유는 영적으로 한 단계 올라갔기 때문이야. 이제 간구의 단계를 지나 선포의 단계로 넘어간 거야.
　그 말을 들으니 너무나 기뻤습니다. 나도 모르게 한 걸음 더 영적으로 성숙해진 것 같았습니다.

　한편, 오늘은 친정아버지가 저희 집에 오시는 날이었습니다. 사실 엄마는 내 사역에 대해 늘 거부감을 갖고 계시지만, 아버지만큼은 늘 우리를 향한 사모하는 마음을 가지고 적극적으로 은혜를 구하셨습니다. 아버지께선 오늘도 변함없이 기쁘게 우리 차에 타고 오셨습니다.

그런데 아버지가 옆에 앉자 갑자기 내 손에 강한 통증이 밀려왔습니다. 불을 전하라는 성령님의 신호였습니다. 그것도 그냥 불이 아니라, 상처가 많고 깊은 사람들에게서 느껴지던 그 강한 통증이 팔에 느껴졌습니다. 아버지께 그런 통증을 느끼게 되다니 마음이 찡했습니다. '우리 아버지 마음에 얼마나 많은 불이 필요한 걸까?'

남편에게 물으니 남편은 곧장 성령님께 여쭤보고 이렇게 설명해 주었습니다.

"불이 아주 많이 들어가야 하는 사람에게는 그만큼 강한 통증이 느껴진대. 상처가 꼭 있어서만이 아니라, 더 큰 은혜를 위해 더 많은 성령의 불을 받아야 하는 사람이 있대."

저는 아버지께 속히 강한 불이 임하기를 간절히 기도하며 다시 한 번 아버지께 불을 전했습니다. 불을 전하면서 느껴지는 팔의 통증이 묵직했지만, 그 고통조차도 하나님께서 아버지를 향한 큰 사랑이라는 것을 알기에 오히려 감사했습니다.

우리 집에 도착하자마자 아버지는 기뻐하며 새로 만든 작은 기도실을 보러 가셨습니다. 그 작은 창고를 아름답게 꾸며 놓은 기도실을 보고 아버지는 아이처럼 밝게 웃으셨고, 그 모습을 보는 우리도 덩달아 행복해졌습니다. 아버지는 집에 오실 때마다 가장 먼저 그 기도실에 들어가 하나님 앞에 머리를 숙이셨습니다. 그런 아버지의 모습을 보며 내 마음엔 더 큰 기쁨과 감사가 솟아올랐습니다.

"믿는 자들에게는 이런 표적이 따르리니…새 방언을 말하며"(막 16:17).

2008년 4월 9일 (수) 기도 중에 하나님의 큰 영광을 보았다

아침 일찍 눈을 뜨자마자 기도실로 향했습니다. 평소처럼 자리에 앉아 찬양을 드리고 방언기도를 시작했습니다. 기도가 깊어지고 묵상에 빠져들었을 무렵, 갑자기 부드러운 깃털이 살포시 머리 위로 내려앉는 듯한 느낌을 받았습니다. 처음엔 '내가 피곤해서 그런 건가?' 하는 생각이 들었지만, 그 느낌은 점점 선명해졌습니다.

곧이어 머리가 뜨거워지기 시작했고, 이어 손까지 뜨거워졌습니다. 이것은 분명히 평소와는 다른 특별한 체험이었습니다. 마치 하나님의 임재가 나를 둘러싼 것 같았습니다. 이전에도 하나님의 영광을 느껴본 적은 있었지만, 오늘은 그 느낌 위에 또 다른 깃털 하나가 추가로 내려앉는 듯한 아주 섬세하고 놀라운 감각이었습니다.

기도를 마친 뒤에도 그 신비로운 체험이 생생했습니다. 마음이 들떠서 남편에게 급히 달려가 오늘 있었던 일을 자세히 이야기했습니다. 남편은 내 말을 진지하게 듣고 바로 성령님께 물어보았습니다. 잠시 후 남편은 환한 표정으로 내게 말했습니다.

성령님께서 이렇게 말씀하시네.

"네 아내가 오늘 하나님의 큰 영광을 보았다고 하셨어."

내 가슴이 벅차올랐습니다. '큰 영광이라니…' 생각지도 못한 놀랍고 감사한 은혜였습니다.

내가 기도실에서 나올 때 남편이 기도하러 들어갔는데, 남편이 기도하려고 앉자마자 성령님께서 먼저 그렇게 말씀해 주셨다고 합니다. 남편을 통해 들은 그 말씀에 감사와 감격이 넘쳐났습니다. 하나님께서 나와 함께 하시며, 오늘 특별한 방식으로 나에게 하나님의 영광을 나타내셨다는 사실에 온몸이 떨렸습니다. 하나님의 사랑을 이렇게 직접 느낄 수 있다는 게 얼마나 놀랍고 감사한 일인지, 다시 한 번 깊이 깨닫는 하루였습니다.

"일어나 빛을 발하라. 이는 네 빛이 이르렀고 여호와의 영광이 네 위에 임하였음이니라"(사 60:1).

2008년 4월 10일 (목) 남편을 성령의 불을 전하는 자로 세우시다

오늘은 아버지께서 놀라운 경험을 하신 날입니다. 그동안 아버지는 성령의 불을 간절히 받기 위해 꾸준히 기도해 오셨습니다. 오늘도 기도실에서 손을 하늘로 높이 들고 열정적으로 기도하고 계셨는데, 갑자기 손끝이 저릿저릿해지는 느낌을 강하게 받으셨다고 합니다. 마치 전기가 흐르는 듯한 신기한 느낌이었다고 하셨습니다.

이 소식을 들은 남편은 곧바로 성령님께 여쭤보았습니다. 성령님께서는 명쾌하게 답을 주셨습니다.

"지금 아버지께로부터 불이 임한 것이다."

이 말을 듣고 남편과 나는 말할 수 없는 감격과 기쁨이 밀려왔습니다. 하나님께서 우리에게 주신 사명이 눈앞에서 실제로 이뤄지는 것을 확인한 순간이었기 때문입니다. 하나님께서는 우리에게 한 사람이라도 하나님 앞에서 온전히 서고, 하나님과 깊은 영의 세계로 들어가는 것을 돕는 역할을 맡기셨습니다. 아버지께 일어난 일을 통해 우리가 받은 사명이 실제로 이루어질 수 있다는 확신을 갖게 되었습니다.

사실 하나님은 이미 남편에게 우리가 해야 할 사역이 무엇인지 명확히 알려주셨습니다. 그것은 바로 '성령의 불'을 전하는 일이었습니다. 많은 사역자들이 세계적으로 유명한 집회를 열고 큰 인기를 얻기도 하지만, 하나님께서 우리 부부에게 주신 사명은 단순히 사람을 모아 일회적인 집회를 여는 것이 아니라, 그 집회를 통해 성령의 불을 받을 사람을 찾고, 그 사람들을 영적으로 훈련시켜 '불전도자'(불을 전하는 자)로 세우는 것입니다. 성령님은 이 사역이야말로 진정한 제자 삼음이라고 말씀하셨습니다.

사실 많은 교회에서 시행하는 제자훈련은 단순히 교육적인 수준에 머물러 있곤 합니다. 단순히 성경을 공부하고 지식적으로 가르치는 것에서 끝나는 경우가 많습니다. 그렇게만 한다면 사람들은 영적으로 온전히 세워지지 못하고, 영적 능력도 제대로 발휘할 수 없습니다. 하지만 우리가 받은 사명은 이와 다릅니다. 성령의 불로 사람들의 심령을 뜨겁게 하고, 그 불을 통해 스스로와 주변을 변화시킬 수 있는 진정한 영적 제자들을 만들어 내는 것입니다.

하나님께서는 우리에게 말씀하셨습니다.

"1년에 단 두 사람 정도만 불전도자를 세워도, 그 두 사람이 또 다른 두 사람씩 불을 전하게 되면 30년이 채 안 되는 시간 안에 온 세상은 성령의 불로 뒤덮일 것이다."

우리는 이 말씀에 큰 소망과 사명의식을 가지게 되었습니다. 이 불 사역은 한 교회에 국한되지 않고, 성령의 불을 간절히 사모하는 사람들이 있는 모든 곳으로 퍼져나갈 것입니다. 성령의 불은 진심으로 그것을 원하고 사모하는 자들에게 임하기 때문입니다. 불을 받은 사람들은 자신이 속한 교회에서 그 은혜를 나누게 될 것이기에, 이 사역은 모든 교회에 큰 유익이 될 것입니다.

오늘 하루, 아버지의 손끝에서 시작된 작은 불꽃을 보며, 하나님께서 우리를 통해 일하시는 크고 놀라운 계획을 다시 한 번 확인하게 되었습니다. 감사와 찬양이 넘치는 하루였습니다.

"내가 불을 땅에 던지러 왔노니 이 불이 이미 붙었으면 내가 무엇을 원하리요"(눅 12:49).

"그는 성령과 불로 세례를 베푸실 것이요"(눅 3:16b).

2008년 4월 11일 (금) 하나님의 음성을 들을 수 있다는 사인

며칠 전부터 귀가 이상했습니다. 마치 누군가 작은 막대로 귀 속을 콕콕 찌르는 것 같은 느낌이 계속 들었습니다. 참을 수 없는 정도는 아니었지만 계속 귀에서 무언가를 건드리는 듯한 느낌이 있어 조금 신경이 쓰였습니다. 그래서 남편에게 조심스럽게 말을 꺼냈습니다.

남편은 내 얘기를 듣더니 곧바로 성령님께 물어보았습니다. 잠시 후 남편이 빙긋이 웃으며 말했습니다.

"성령님께서 곧 하나님의 음성을 들을 수 있을 거라고 말씀하셨어."

그 말을 듣자 내 마음에 기대감과 흥분이 동시에 밀려왔습니다. 드디어 하나님 음성을 들을 수 있는 때가 가까워졌다는 생각에 마음이 벅차올랐습니다.

오후에는 자동차 등록을 위해 DMV에 갔습니다. 그런데 뜻밖에도 SMOKE TEST가 필요하다고 해서 그곳으로 이동했습니다. 도착한 장소에는 교통사고를 당하신 듯 보이는 한 분이 계셨는데, 척추를 다쳐 움직이는 게 굉장히 힘들어 보였습니다. 휠체어에 앉아 계셨고, 그분의 모습을 보는 순간 내 마음이 너무나 안쓰러웠습니다.

그런데 이상한 일이 생겼습니다. 그분을 보는 순간부터 손이 저릿저릿한 신호가 왔습니다. 마치 성령님께서 "이분에게 불을 전해라!"라고 신호를 보내시는 것 같았습니다. 사실 요즘은 몸이 불편한 분들이나 휠체어를 탄 분들을 보면 마음이 너무 안타까워서 성령의 불을 꼭 전하고 싶은 열망이 자주 일어나곤 했습니다. 그런데 막상 그분 앞에 서니 용기가 나지 않았습니다. 내 마음 한편에서 걱정이 밀려왔습니다.

내가 과연 저분에게 불을 전할 수 있을까?
괜히 이상한 사람이라고 생각하면 어떡하지?

결국 용기가 나지 않아 그분에게 불을 전하지 못했습니다. 집으로 돌아오는 내내 마음 한구석이 너무 무겁고 안타까웠습니다. 하나님이 보내주신 신호를 무시한 것 같아 마음이 아팠습니다.

집에 돌아오자마자 남편에게 이 이야기를 했습니다. 남편은 성령님께 다시 한 번 물어봤습니다. 성령님께서는 내게 이렇게 말씀하셨다고 합니다.

괜찮아, 신호가 온다면 언제든지 불을 전해도 돼.

성령님의 위로와 허락을 받고 나니 무거웠던 마음이 한결 가벼워졌습니다. 다음번엔 꼭 용기 내어 불을 전해야겠다고 다짐하며, 하나님께 다시 한 번 감사했습니다.

"내가 불을 땅에 던지러 왔노니 이 불이 이미 붙었으면 내가 무엇을 원하리요"(눅 12:49).

"그는 성령과 불로 세례를 베푸실 것이요"(눅 3:16b).

2008년 4월 13일 ⁽주일⁾ 잘못된 예언을 받다

　오늘은 내가 어렸을 적부터 기억 속에 깊이 자리 잡고 있던, 성령 충만함으로 사역하셨던 목사님을 뵈러 가기로 했습니다. 남편은 늘 그렇듯 중요한 결정을 하기 전에 반드시 성령님께 여쭤보았는데, 성령님께서도 흔쾌히 허락해 주셨습니다. 오랫동안 존경해왔던 목사님이 근처에 계신다는 사실이 얼마나 기뻤는지 모릅니다.

　목사님은 이제 여든다섯이 되셨습니다. 젊으셨을 때 자궁암에 걸려 사경을 헤매셨지만, 하나님의 놀라운 은혜로 기적같이 치료받으시고 능력 있는 종으로 쓰임 받으셨던 분입니다. 특히 우리 부모님이 개척교회를 시작하셨을 때 영적인 어머니 역할을 하셨기에, 나에게는 더욱 특별한 존재셨습니다. 그래서인지 목사님께 꼭 기도를 받고 싶다는 마음이 간절했습니다.

　우리는 목사님의 아들이 개척하여 미국교회를 빌려 예배드리는 곳에서 주일예배를 드렸습니다. 예배 후 친교 시간, 목사님께서 사람들과 이야기 나누고 계셨는데, 저는 다가가 조심스레 말씀드렸습니다.

　목사님, 저에게 성령의 불이 임했어요.

그러자 목사님은 따뜻한 미소로 내 머리 위에 손을 얹고 안수 기도를 시작하셨습니다. 그런데 기도하시던 목사님께서 뜻밖의 말씀을 하셨습니다.

'너는 아직 방언 통변의 은사와 영분별의 능력이 임하지 않았구나! 앞으로 아무에게나 함부로 안수하지 마라. 잘못하면 죽는 이도 있을 수 있단다.'

순간 나는 당황스럽고 마음이 복잡해졌습니다. 사실 남편은 이미 내가 영분별의 능력을 받았다고 이야기해 주었고, 성령님께서도 이미 불을 전할 때 내 손이 저리며 신호를 주셨기에, 목사님의 권면은 도무지 납득하기 어려웠습니다. 마음 한편이 무거워졌고, 복잡한 감정이 가슴속에 일렁였습니다.

예배를 마치고 돌아오는 차 안에서 가족들은 목사님께 들었던 이야기들을 주고받기 시작했습니다. 아버지께서는 "십일조를 꼭 하라"는 권면을 들으셨다고 했습니다. 남편은 '무엇을 먹을까 마실까 염려하지 말고, 앞으로 6개월간 아무것도 하지 말고 오직 기도만 하라. 장인어른을 앞세워 어떤 일을 하려 하지 마라'며 시편 33편 18-22절의 말씀을 받았다고 했습니다.

"여호와는 그를 경외하는 자 곧 그의 인자하심을 바라는 자를 살피사 그들의 영혼을 사망에서 건지시며 그들이 굶주릴 때에 그들을 살리시는도다. 우리 영혼이 여호와를 바람이여 그는 우리의 도움과 방패시로다. 우리 마음이 그를 즐거워함이여 우리가 그의 성호를 의지하였기 때문이로다. 여호와여 우리가 주께 바라는 대로 주의 인자하심을 우리에게 베푸소서."

어머니는 성경을 더 많이 읽으라는 권면을 들으셨다고 하셨습니다.
그런데 생각할수록 이상했습니다. 아버지는 이미 십일조 생활을 철저히 하셨고, 남편은 이미 세상 것에 전혀 연연하지 않았으며, 어머니는 매일 누구보다 열심히 성경을 읽고 계셨기 때문입니다. 집에 돌아오는 길 내내, 차 안에서는 그 말씀들을 두고 서로 의아함을 표하며 이야기가 오갔습니다.

집에 돌아오자 남편은 곧바로 성령님께 오늘 있었던 일들을 여쭈었습니다.

성령님께서는 "그 목사님은 잘못된 예언을 주시는 분이다"라고 말씀하셨습니다.

그제서 마음속의 답답함이 조금씩 풀리기 시작했습니다.

그런데 오늘따라 이상하게 머리가 무겁고 아팠습니다. 평소와는 다른, 찌릿하고 불쾌한 느낌이 계속되었습니다. 남편에게 머리가 너무 아프다며 불을 전해달라고 부탁했습니다. 남편이 내 머리에 손을 얹자마자 불의 뜨거움이 느껴졌습니다. 남편은 얼굴을 찡그리며 손과 팔에 심한 아픔을 느낀다고 했습니다. 처음 성령의 불을 받을 때 이후로 이런 일이 없었기에, 분명 무언가 잘못되었다고 직감했습니다.
남편은 곧바로 성령님께 왜 이런 일이 일어난 것인지 물었습니다.

성령님께서는 "네 아내에게 좋지 않은 것이 들어가서 그렇다"라고 하셨습니다.

그 순간 낮에 그 목사님께서 내 머리에 손을 얹고 기도하시던 장면이 떠올랐습니다. 아, 바로 그것이었습니다. 낮에 받은 잘못된 안수가 내 몸에 나쁜 영향을 준 것이었습니다.

남편이 내 머리에 성령의 불을 전하고 나서야 내 머리가 깨끗해지고, 맑고 시원한 느낌으로 완전히 회복되었습니다. 성령님께서 나를 보호해 주셨다는 감사함이 밀려왔습니다. 그날 나는 영적인 것에 있어서 아무리 존경하는 사람이라 할지라도 성령님의 음성에 따라 분별력을 가지고 행동해야 한다는 깊은 교훈을 얻게 되었습니다.

"예언하는 자들은 둘이나 셋이나 말하고 다른 이들은 분별할 것이요"(고전 14:29)

2008년 4월 14일 (금) 사탄이 공격하지 못하도록 막고 있을 때의 통증

오늘 하루 종일 귀가 아프고 먹먹한 느낌이 계속되었습니다. 마치 비행기를 타고 높은 곳에 올라갔을 때처럼 공기의 압력이 귀를 꽉 눌러서 답답하게 하는 그런 기분이었습니다. 아무리 시간이 지나도 이 불쾌한 감각이 사라지지 않아 결국 남편에게 말했습니다.

여보, 귀가 너무 이상하게 아파요. 성령님께 한번 여쭤봐 주세요

남편은 조용히 기도하며 성령님께 물었습니다. 그리고 잠시 후 나를 바라보며 말했습니다.

"마귀가 당신을 공격하지 못하게 차단하고 있는 거래."

뜻밖의 말이었지만, 나를 보호하시기 위한 하나님의 특별한 방법이라는 생각이 들어 안심할 수 있었습니다.

오늘 또 다른 중요한 일이 있었습니다. 바로 캘리포니아 면허로 바꾸기 위해 DMV에 가는 날이었습니다. 사실 이미 금요일에 필기시험을 봤었는데, 남편은 한 번에 합격했고 나는 일곱 문제를 틀려서 떨어지고 말았습니다. 시험 문제 36개 중 여섯 개까지 틀릴 수 있는데 딱 하나를 더

틀린 것입니다.

그런데 오늘은 시험 감독관이 마침 지난번에 우리의 면허 변경 업무를 도와주었던 사람이었습니다. 결과를 이미 알고 있었지만, 조심스레 그에게 물었습니다.
제가 떨어졌죠? 시험 다시 봐야겠네요.
그런데 예상치 못한 대답이 돌아왔습니다.
괜찮아요, 합격이에요!
그의 입에서 나온 말이 믿기지 않아 다시 물어보고 싶었지만, 그 사람이 괜찮다고 하면 그것으로 끝인 거였습니다. 기쁨과 감사함이 넘쳐났습니다. 하나님께서 특별히 도우셨다고 생각했습니다.

그런데 사실 처음 DMV에서 그를 만났을 땐 분위기가 참 서먹했습니다. 감독관은 불친절했고, 말투는 딱딱했습니다. 그런데 그가 무언가를 찾으려고 자리에서 일어나려는 순간, 나는 그의 허리에 병이 있다는 것을 영적으로 느끼게 되었습니다.

나중에 남편에게 들은 이야기이지만, 그 순간 남편도 그 사람의 허리를 보며 고쳐 주고 싶다는 강한 마음이 들었다고 합니다. 그래서 시험이 진행되는 내내 성령님께 물었습니다.

성령님, 저 사람 지금 허리 병을 고쳐줘도 됩니까?
하지만 성령님은 뜻밖의 답을 주셨습니다.

"그럴 필요가 없다."

성령님의 뜻이 그러셨기에 남편은 아무 말도, 아무 행동도 하지 않았습니다. 그런데 놀랍게도 그 순간부터 그 사람의 태도가 180도로 달라졌습니다. 처음엔 까칠하고 불친절했던 사람이 갑자기 친절하고 따뜻한 말투로 우리를 대하기 시작한 것입니다.

우리는 그 일을 통해 성령님의 세밀한 인도하심을 다시 한 번 체험하며 감사함을 느꼈습니다. 하나님께서는 직접 치유하지 않고도 사람의 마음을 만지시는 방법으로 우리에게 역사하고 계셨던 것입니다.

2008년 4월 15일(화) 영 분별력을 강화시켜주시다

오늘 아침, 기도실에 들어가 하나님 앞에 무릎을 꿇었습니다. 찬양을 드리고 방언으로 기도를 시작하자마자 내 머리 이마 부분이 갑자기 강하게 조여 오며 전류가 흐르는 듯한 짜릿한 느낌이 들었습니다. 깜짝 놀라면서도 마음 한편으로는 기쁨이 넘쳤습니다. 혹시 무슨 일이 일어나고 있는 건 아닐까 하는 설렘이 가득했습니다.

나는 기도를 마친 뒤 곧바로 남편에게 달려가 물었습니다.

"여보, 오늘 기도하는데 이마가 꽉 조이고 전기가 흐르는 느낌이 있었어요. 무슨 일일까요? 성령님께 한번 물어봐 주세요."

남편은 조용히 눈을 감고 잠시 기도하더니, 미소를 지으며 말했습니다.

"성령님이 말씀하시기를, 당신의 영 분별력이 더욱 강해지고 있대요. 하나님께서 당신에게 영적인 능력을 더 부어주고 계신 거예요."

이 말을 들으니 마음에 깊은 감사와 감격이 밀려왔습니다. 하나님께서 나 같은 부족한 자에게도 특별한 능력을 주시고, 더욱 깊은 영의 세계로 이끌어 주시고 계신다는 사실이 너무나 벅찼습니다.

오후가 되어 생활을 위한 일을 찾으라는 성령님의 명령에 따라 전화번호 책을 펼쳤습니다. 전화번호 책에 적힌 세탁소 번호들을 하나씩 확인하며 전화를 걸었습니다. 많은 곳에서는 이미 사람이 꽉 차서 일할 자리가 없다고 했지만, 다행히도 여섯 곳 정도가 관심을 보이며 나를 만나보고 싶다고 했습니다. 비록 숫자는 많지 않았지만, 하나님께서 열어주신 작은 기회들에 감사함을 느꼈습니다.

오늘은 우선 두 곳을 직접 찾아갔습니다. 주인 분들과 직접 만나 대화를 나눴는데, 두 곳 모두 오늘 바로 결정을 내리지 않고 좀 더 생각해 보겠다고 했습니다. 그러나 하나님께서는 그 작은 만남 가운데서도 나에게 위로를 주셨습니다. 그 세탁소의 주인들이 한국 분들이었고, 짧은 시간이나마 따뜻한 대화를 나눌 수 있었기 때문입니다. 나는 하나님께 이렇게 기도했습니다.

하나님, 오늘 만난 이 한국 분들과의 인연이 좋은 관계로 이어지게 해 주세요. 그리고 내일 또 찾아갈 세탁소 중에서 반드시 하나님이 준비해 두신 일자리를 얻게 해 주세요.

마음속엔 하나님께서 모든 일을 미리 준비해 두셨다는 확신이 들었고, 내일의 만남에 대한 기대감이 점점 커졌습니다.

2008년 4월 16일 (수) 세탁소 일자리를 허락하시다

아침에 눈을 떴는데 갑자기 손가락이 심하게 가려웠습니다. 살펴보니 이미 물집이 올라와 있었습니다. 순간 짜증도 났지만, 저는 바로 믿음을 가지고 가려운 부위에 손을 얹고 담대하게 기도하기 시작했습니다.

"내 손에서 괴롭히는 무좀 마귀야! 예수님의 이름으로 명령하노니 당장 내 몸에서 떠나갈지어다!"

명령하는 순간 신기하게도 가려움이 즉시 사라졌습니다. 하나님의 능력이 다시 한 번 나를 감싸는 기분이었습니다. 그렇게 기분 좋게 아침을 시작한 뒤, 문득 새언니가 떠올랐습니다. 새언니는 교회에서 받은 상처 때문에 교회를 떠나버린 상태였습니다. 저는 늘 언니에게 예수님의 보혈을 뿌려달라고 주님께 기도했지만, 오늘은 성령님께서 아주 구체적인 감동을 주셨습니다.

"맛있는 음식을 준비해서 새언니 집에 방문해 봐라. 그녀와 친구가 되어야 한다."

이전에 이지연 자매에게 그랬던 것처럼, 새언니도 사랑으로 품어야겠다는 마음이 들었습니다. 언니가 예수님께 다시 돌아오길 간절히 기도했습니다.

그리고 오늘 드디어 기다리던 일이 벌어졌습니다! 하나님께서 약속하셨던 대로 일자리를 주신 것입니다. 사실 이 직장은 우리 가족에게 절실한 기도제목이었습니다. 아파트 비용, 자동차 할부금, 보험료, 음식비까지, 모든 생활비를 해결할 수 있는 길이었기 때문입니다.

이사 온 후 남편은 언제 직장을 구해야 하는지 성령님께 매일 물었습니다. 성령님은 분명히 이번 주 화요일부터 직장을 알아보라고 말씀하셨고, 우리는 순종하여 화요일부터 전화를 걸며 일자리를 찾기 시작했습니다. 하지만 전화를 돌릴 때마다 돌아오는 답은 차갑게 들리는 거절뿐이었습니다. 이미 다른 사람이 일을 하고 있다는 이유였습니다.

남편은 점점 초조해지기 시작했습니다. 특히 덴버를 떠나기 전, 미국 전역의 교회 180군데에 남편의 이력서를 보냈는데도 응답이 없었던 터라 남편은 더욱 불안해했습니다. 그중 딱 한 곳에서만 연락이 왔지만, 먼 곳에 위치한 파트타임 자리였기에 우리가 원하는 조건과는 맞지 않아 거절했던 것입니다. 남편은 점점 절망적인 표정으로 소파에 누워 아무 말 없이 하늘만 바라보았습니다. 저는 그런 남편에게 말을 걸지 않고 묵묵히 기다렸습니다.

그러다 갑자기 남편이 마치 큰 깨달음이라도 얻은 듯 혼잣말처럼 외쳤습니다.

지금은 하나님께서 우리의 믿음을 시험하고 계신 거야. 모든 것이 준비되어 있다고 하셨는데 아무것도 보이지 않는 건, 우리가 하나님 말씀을 믿는지 시험하고 계신 거야!

저는 아무 말도 하지 않았지만, 그 순간 제 마음에도 확신이 다시금 솟아났습니다. 남편과 저는 다시 용기를 내서 또 다른 세탁소들을 돌아보기 시작했습니다.

그때였습니다. 믿기 어려운 일들이 갑자기 벌어졌습니다. 한 세탁소에서 전화가 왔습니다.

급료를 좀 더 올려드릴 테니 저희 가게에서 일해 주세요!
전화를 끊기도 전에, 이전에 파트타임을 제안했던 교회에서도 연락이 왔습니다.

저희와 함께 일해 주실 수 있으세요?

놀라움과 기쁨이 가시기도 전에 또 다른 전화가 울렸습니다. 이번엔 다른 세탁소 주인이었습니다.

저희 가게에 알터레이션이 필요한데, 와 주실 수 있으세요?

그리고 채 한 시간이 지나기도 전에 또 다른 세탁소와 알터레이션 계약까지 맺게 된 것입니다.

할렐루야! 하나님의 약속은 정확하게, 그리고 한순간에 모두 이루어졌습니다. 우리 부부는 이 놀라운 하나님의 역사 앞에서 그저 서로를 바라보며 감사의 눈물을 흘렸습니다. 하나님은 우리 믿음의 시험을 기적적인 축복으로 보상해 주셨던 것입니다.

> "구하라. 그리하면 너희에게 주실 것이요 찾으라. 그리하면 찾아낼 것이요 문을 두드리라. 그리하면 너희에게 열릴 것이니"(마 7:7).

2008년 4월 17일 (목) 일하면서 하나님께 집중하기

오늘 아침 기도실에 앉아 깊이 기도하는데 갑자기 머리 꼭대기부터 뒤통수까지 강한 압력이 느껴졌습니다. 누군가 머리를 지그시 눌러주는 것 같기도 하고, 보이지 않는 손이 부드럽게 감싸는 듯한 묘한 느낌이었습니다. 기도를 마치자마자 남편에게 가서 물어보았습니다.

여보, 성령님께 한번 물어봐 줄래요? 왜 기도할 때마다 이렇게 압력이 느껴지는지 궁금해요.

남편은 잠시 눈을 감고 성령님께 물어보더니 밝은 얼굴로 말했습니다.

"하나님과 네가 하나가 되었기 때문에 그런 거래. 성령님께서 네게 임재하신 거야."

그 말을 듣는 순간 내 마음에 기쁨과 감동이 솟구쳤습니다. 하나님과 하나가 되었다는 말이 얼마나 놀랍고 감격스럽던지요. 하나님께서 나와 함께하신다는 확실한 증거를 느끼게 하신 겁니다.

그리고 오늘은 기다리던 일을 시작하게 되었습니다. 일을 하면서도 마음속으론 끊임없이 기도했습니다.

하나님, 일하는 동안에도 주님께 집중하게 해주시고, 처음 하는 일이니 실수하지 않게 지켜주세요.

하지만 일이 너무나 바쁘다 보니 하나님께 집중하는 것이 쉽지 않았습니다. 마음은 하나님을 생각하는데 자꾸만 손이 바쁘고 정신도 없었습니다. 일이 끝날 무렵엔 하나님께 온전히 집중하지 못한 미안함이 마음 한구석에 남았습니다.

다시 집으로 돌아오는 길, '내일은 더 하나님께 집중할 수 있기를…' 속으로 다짐하며 하나님께 조용히 감사 기도를 드렸습니다.

"그러므로 함께 하늘의 부르심을 받은 거룩한 형제들아 우리가 믿는 도리의 사도이시며 대제사장이신 예수를 깊이 생각하라"(히 3:1).

2008년 4월 18일 (금) 일하면서 하나님께 집중이 안 될 때

　어제 일하는 동안 하나님께 집중하지 못해서 그런지 오늘 기도실에 앉았을 때도 마음이 자꾸만 흩어졌습니다. 영혼이 맑지 않고 무언가 흐려진 듯 답답했습니다. 아무리 애를 써도 집중이 잘 되지 않아 속상한 마음이 들었고, 자꾸만 하나님 앞에 죄송한 마음이 들었습니다.

　그래서 오늘은 특별히 아무 말 없이 조용히 묵상하며 하나님의 음성을 듣기 위해 노력했습니다. 하지만 아침 일찍 일어나지 못한 탓에 오전 기도를 놓쳐버렸고, 한낮에 기도실에 들어가서 묵상하려니 바깥에서 들리는 소리들이 나를 방해했습니다. 창밖으로 흘러들어오는 자동차 소리와 사람들 이야기하는 소리에 자꾸만 마음이 흔들리고 집중이 깨졌습니다.

　마음이 너무나 죄송했습니다. 하나님께 온전히 집중하고 싶은데 그것조차 잘 못하는 내 모습에 스스로가 초라하고 안타까웠습니다. 마음 한편으론 하나님께 죄송하기만 했고, 스스로를 향한 실망감과 우울함이 점점 내 마음속을 채워갔습니다.
　그런 무거운 마음을 안고 일을 하러 나섰습니다. 그러나 이미 내 마음이 지친 탓인지, 일하는 내내 몸도 마음도 피곤했습니다. 일이 끝나고 집으로 돌아온 후에도 알 수 없는 짜증이 자꾸만 밀려왔습니다.

이러면 안 되는데… 하며 스스로를 다독였지만, 마음의 짐은 좀처럼 가시지 않았습니다. 결국 오늘은 그런 찜찜하고 무거운 마음으로 잠자리에 들었습니다. 하나님께 죄송스러운 마음이었습니다.

"너희 염려를 다 주께 맡기라. 이는 그가 너희를 돌보심이라"(벧전 5:7).

2008년 4월 19일 (토) 쇼핑 중에 마귀의 공격을 받다

오늘도 어김없이 새벽에 눈을 뜨자마자 기도실로 향했습니다. 어제 집중이 잘되지 않아 마음이 무거웠기에, 오늘은 하나님 음성을 듣기 위해 더욱 간절한 마음으로 집중했습니다. 다행히 어제보다는 집중이 잘 되는 것 같아 마음이 조금 위로가 되었습니다. 하지만 아직도 영적인 깊이까지는 들어가지 못하는 내 모습에 조급함과 안타까움이 남아 있었습니다.

기도를 마친 후 일자리를 찾기 위해 이곳저곳을 다니기 시작했습니다. 아직은 마음에 맞는 바느질 일을 찾지 못했지만, 실망하지 않았습니다. 반드시 하나님께서 준비해 놓으셨다는 믿음이 있었기에, 내 마음에는 소망이 넘쳤습니다. 그래서 가는 가게마다 명함을 놓고 다니며, 하나님께서 좋은 길을 열어 주실 것을 믿고 기대했습니다.

볼 일을 마친 뒤 남편과 함께 코스트코 마켓에 들렀습니다. 쇼핑을 마치고 기분 좋게 마트를 나오던 그때, 갑자기 머리가 빙빙 돌면서 현기증이 몰려왔습니다. 몸이 휘청거릴 만큼 강한 어지러움과 함께 머리까지 지끈거리는 통증이 시작되었습니다.

남편이 급히 내게 다가와 괜찮으냐고 물었고, 나는 힘겹게 머리가 너무 아프다고 말했습니다. 남편이 급히 하나님께 물어보니, 성령님께서는 이것이 마귀의 공격임을 알려 주셨습니다. 일이 바빠져서 잠시 영적으로 긴장을 늦췄던 순간, 사탄이 나를 공격할 기회를 잡았던 것입니다.

집으로 돌아오는 차 안에서도 계속 머리가 무겁고 어지러웠습니다. 남편은 집에 도착하자마자 서둘러 나에게 불을 전해 주었습니다. 남편이 따뜻한 손으로 내 머리에 안수하며 기도하는 동안 불의 뜨거움이 머리부터 온몸으로 퍼져 나갔습니다.

그러자 놀랍게도 머리를 꽉 조이던 현기증이 순식간에 사라졌습니다. 마음이 깨끗하게 씻기듯 맑아졌고, 다시금 평안이 찾아왔습니다. 하나님께서 다시 한 번 나를 지켜주셨다는 생각에 마음 깊이 감사가 솟아올랐습니다. 할렐루야!

"그런즉 너희는 하나님께 복종할지어다. 마귀를 대적하아. 그리하면 너희를 피하리라"(약 5:7).

2008년 4월 20일 (주일) 성막기도를 시도하다

이른 아침, 눈을 뜨자마자 기도실로 향했습니다. 오늘도 어김없이 예수님의 보혈을 주변에 뿌리고, 내 몸 위에도 보혈을 뿌린다고 마음으로 선포한 후 기도 자리에 앉았습니다. 남편은 하나님의 음성을 듣기 원한다면 성막기도를 시도해보라고 했기에, 나는 성막의 모형을 상상하며 천천히 마음으로 걸어 들어가기 시작했습니다.

마음속에서 성막 문을 들어갔습니다. 번제단 앞에 섰습니다. 내 모든 죄가 활활 타오르며 재가 되는 것을 생생하게 그려보았습니다. 그 다음 물두멍과 진설병과 정금등대를 지나 분향단 앞으로 나아가 내 죄를 회개하고 하나님께 찬양을 올려드렸습니다. 그리고 지성소에 이르러 언약궤의 뚜껑을 열고 그 안으로 천천히 들어가는 상상을 했습니다. 그때, 예수님의 피가 내 머리부터 발끝까지 덮어 흐르는 것이 너무나도 생생하게 느껴졌습니다.

하나님의 영광의 빛이 환하게 내 온몸을 비추고, 성령님의 거룩한 불이 내 안에서 뜨겁게 타오르며 모든 더러움과 악함을 불태우는 장면을 마음속에 선명히 그렸습니다. 그렇게 몰입하여 기도하는 순간, 갑자기 내 이마가 강하게 조여 오는 느낌과 함께 마치 내 몸 전체를 무언가가 따뜻하게 감싸고 덮는 것 같은 느낌이 확연히 찾아왔습니다.

비록 오늘도 하나님의 음성을 직접 듣지는 못했지만, 기도하는 동안 흩어져 있던 마음이 다시 하나로 단단히 모아지는 것을 느끼며 기쁨과 평안을 얻었습니다.

오후에는 남편의 새로운 미국교회 아르바이트를 위해 함께 교회로 향했습니다. 그 교회는 60세 이상인 연세 많은 분들이 대부분이고, 40대 젊은 목사님 한 분만 열심히 사역하시는 곳이었습니다. 교회 건물은 너무도 초라하고, 성가대나 찬양 팀조차 없었습니다. 겉으로 보기엔 마치 비전이 없어 보이는 그런 교회였습니다.

그러나 나는 예배드리러 가기 전, 하나님께 이렇게 간절히 기도했습니다.
하나님, 저희는 돈 때문에 이 교회에 가는 것이 아니라, 남편이 꼭 필요한 곳으로 보내주시길 원합니다.

교회에 도착해 예배를 드리는 동안 갑자기 내 이마가 강하게 조여들고 전류 같은 뜨거운 기운이 얼굴 전체로 퍼져 나가는 느낌이 들었습니다. 이미 남편이 하나님께 물어보았을 때 성령님께서는, 우리가 불이 필요한 장소에 가게 되면 바로 그런 느낌을 받을 거라고 말씀하셨었습니다.

나는 이 느낌을 통해 하나님께서 이 교회에 남편을 보내신 이유를 더욱 확실히 알 수 있었습니다. 그 순간부터 내 마음속에서는 작은 교회에 새로운 활력과 부흥을 가져올 남편의 사역을 기대하며 뜨거운 소망과 감사가 넘쳐흘렀습니다.

"구름이 회막에 덮이고 여호와의 영광이 성막에 충만하매…낮에는 여호와의 구름이 성막 위에 있고 밤에는 불이 그 구름 가운데 있음을 이스라엘의 온 족속이 그 모든 행진하는 길에서 그들의 눈으로 보았더라"(출 40:34-38).

2008년 4월 21일 (월) 기도실에서 하나님의 영광을 체험하다

어제 드렸던 성막기도의 여운 때문일까요? 오늘 아침 기도실에 앉는 순간부터 하나님의 영광이 마치 따스한 햇살처럼 나를 부드럽게 감싸기 시작했습니다. 기도할 때마다 경험하는 이 영광의 빛이 얼마나 특별한 특권인지 새삼 깊이 깨달았습니다. 사실, 나 같은 사람이 이런 엄청난 하나님의 은혜를 누릴 자격이 없다는 생각이 들자 저절로 눈시울이 뜨거워졌습니다.

매일 아침 이렇게 주님의 영광을 체험하며 살아갈 수 있다는 건 놀라운 특권이자 축복입니다. 하나님의 따스한 영광의 빛은 하루를 살아갈 생기를 주고, 지친 마음에 믿음을 채워 다시 일어날 수 있는 힘을 줍니다.

오늘 직장에 출근해서는 바쁜 일거리들 때문에 주인과 별로 대화를 나누지 못했습니다. 그런데 오히려 그 덕분에 하나님께 더욱 깊이 집중할 수 있었습니다. 일하면서도 마음이 가벼웠고 전혀 피곤하지 않았습니다. 하나님께서 늘 곁에서 나와 함께 일하고 계시는 것 같아 계속 행복했습니다.

2008년 4월 22일 (화) 치통을 기도로 치료해주시다

어제 저녁부터 갑자기 치료받았던 이가 다시 아프기 시작했습니다. 처음에는 금방 괜찮아지겠지 싶었지만, 밤이 깊어질수록 통증이 심해져 견디기 어려웠습니다. 그래서 저는 아픈 이를 향해 조심스레 손을 얹고 불을 전하기 시작했습니다. 손을 대는 순간, 마치 전기가 흐르는 듯한 찌릿찌릿한 통증이 손끝까지 올라왔습니다. 하지만 그럴수록 더 담대하게 기도하며 외쳤습니다.

내 이를 아프게 하는 마귀야, 예수 이름으로 명하노니 지금 당장 내 안에서 떠날지어다!

강력한 믿음으로 명령했지만, 아직 완전히 낫지는 않은 듯했습니다. 그래서 아침에 일어나자마자 다시 한 번 불을 전했습니다. 이번엔 손이 마치 강한 전류에 감전된 것처럼 더 강하게 떨렸습니다.

그때 남편도 내 곁으로 와서 함께 기도해 주기 시작했습니다. 남편은 내 아픈 이를 향해 손을 얹고 확신에 찬 목소리로 두세 번이나 힘 있게 선포했습니다.

예수 이름으로 명하노니, 아픈 이는 완전히 나을지어다!

기도 후 남편이 곧바로 성령님께 물어보았습니다. 성령님께서는 "오늘 안에 통증이 없어질 것이며, 계속 관리하면 다시는 아프지 않을 것이다."라고 분명히 말씀하셨습니다.

일을 하는 동안에는 바빠서 내 이에 신경 쓸 겨를이 없었는데, 일을 마치고 집으로 돌아오는 차 안에서 문득 이가 전혀 아프지 않다는 것을 깨달았습니다. 정말 성령님께서 말씀하신 그대로, 오늘 안에 깨끗이 치료 받은 것입니다!

운전석에 앉아 기쁨과 감사가 넘쳐 눈물이 날 지경이었습니다. 저는 집으로 돌아오는 동안 차 안에서 계속 하나님께 감사를 올렸습니다.
할렐루야!

"네 하나님 여호와를 섬기라. 그리하면 여호와가 너희의 양식과 물에 복을 내리고 너희 중에서 병을 제하리니 네 나라에 낙태하는 자가 없고 임신하지 못하는 자가 없을 것이라. 내가 너의 날 수를 채우리라"(출 23:25-26).

2008년 4월 23일 (수) 하나님께 집중하면서 일하게 해주세요

오늘 아침, 출근하기 전부터 마음이 무거웠습니다. 요즘 들어 일을 하면 영적으로 집중이 잘 안 되고 마음이 분산되어 힘들었기 때문입니다. 그래서 집을 나서기 전에 간절히 기도했습니다.

"하나님, 오늘 하루는 꼭 일을 하면서도 하나님께 집중할 수 있게 해주세요."

이런 마음으로 직장에 도착했는데, 평소라면 밝게 인사를 나누며 대화를 걸어오던 세탁소 사모님이 웬일인지 조용히 앉아 계셨습니다. 얼굴이 창백하고 기운이 없어 보여 물어보니, 몸이 많이 아프다고 하셨습니다.

마음이 쓰였지만, 한편으론 그것 때문에 사모님이 나에게 평소처럼 말을 걸지 않았기에 오늘은 일에 더 집중할 수 있었습니다. 덕분에 평소처럼 영성이 흐트러지지 않았고, 일을 하는 내내 하나님께 마음을 드릴 수 있었습니다.

전에 하나님께 집중하지 못할 때는 일을 할 때마다 몸이 너무 피곤하고 지쳤습니다. 그런데 오늘은 이상하게도 그렇게 많은 일을 했음에도 불구하고 전혀 피곤하지 않았습니다. 오히려 내 안에 잔잔한 평안과 기쁨이 계속 머물러 있었습니다.

저의 작은 기도까지 귀담아 들으시고 응답해 주신 하나님께 감사하며 집으로 돌아왔습니다.

> "피곤한 자에게는 능력을 주시며 무능한 자에게는 힘을 더 하시나니 소년이라도 피곤하며 곤비하며 장정이라도 넘어지며 쓰러지되 오직 여호와를 앙망하는 자는 새 힘을 얻으리니 독수리가 날개치며 올라감 같을 것이요 달음박질 하여도 곤비하지 아니하겠고 걸어가도 피곤하지 아니하리로다"(사 40:29-31).

2008년 4월 24일 (목) 영의 기도를 드리게 하옵소서

오늘도 남편은 기도실에서 성령님께 묻고 있었습니다. 늘 남편의 기도는 비슷했습니다.

성령님, 제 아내는 언제쯤 성령님의 음성을 들을 수 있을까요?

남편은 내게 하나님의 음성을 듣는 기쁨을 알게 해 주고 싶었고, 늘 안타까운 마음으로 기도했기 때문입니다. 그런데 오늘 성령님께서 남편에게 아주 명확하게 말씀하셨다고 합니다.

"네 아내는 영의 기도를 하지 않고 혼의 기도만 하고 있다. 하나님의 음성을 듣고 싶다면 영의 기도를 해야 한다."

남편은 내게 그 말을 전해주며 영의 기도에 대해 친절하게 설명해 주었습니다.
'우리 몸이 육과 혼과 영으로 이루어진 것처럼, 기도도 세 가지 종류가 있어. 육의 기도는 이 세상에 살면서 우리가 필요한 것들을 구하는 기도야. 음식이나 옷, 집 같은 생활 속의 필요들을 위해 드리는 기도지. 혼의 기도는 방언으로 기도하거나 찬양하고, 소리 내어 간절히 기도하는 거

야. 이것은 내 의지를 사용해서 하나님께 간구하는 기도야.'

나는 조용히 고개를 끄덕이며 남편의 말을 들었습니다. 이어서 남편이 말했습니다.

'그리고 영의 기도는 혼의 기도와 달리 나의 모든 생각과 의지, 주님을 향한 열심조차 모두 내려놓고, 오직 내 안에 계신 성령님께 내 몸과 마음을 완전히 맡기는 거야. 성령님이 내 안에서 자유롭게 일하시도록 내 자신을 열어놓는 것이지. 이건 곧 하나님과의 주파수를 맞추는 거야.'

그 말을 들으며 나는 깊이 깨달았습니다. 지금까지 나의 기도가 혼의 기도에만 머물러 있었던 것을요. 늘 하나님을 향한 간절한 마음은 있었지만, 내 마음을 완전히 비우고 하나님께 맡기는 '영의 기도'는 하지 못했습니다.

이제 나는 성령님께 진심으로 다짐했습니다.

하나님, 이제부터는 나의 모든 생각과 열심, 내 뜻까지도 내려놓겠습니다. 오직 주님께서 역사하시도록 나를 비우고 주님 앞에 앉겠습니다.

이제 영의 기도를 시작하겠다는 새로운 소망과 결심이 내 마음속 깊이 자리 잡았습니다.

> "모든 기도와 간구를 하되 항상 성령 안에서 기도하고 이를 위하여 깨어 구하기를 항상 힘쓰며 여러 성도를 위하여 구하라"(엡 6:18).

2008년 4월 25일 ㈜ 하나님의 음성을 듣게 하옵소서

기도할 때마다 하나님의 영광을 체험하고 있다는 생각은 들지만, 한편으론 답답한 마음도 있었습니다. '하나님의 음성을 들을 수 있는 날은 언제쯤일까?'라는 조급함 때문이었습니다. 남편도 내 마음을 알고 있었기에 오늘도 기도실에서 성령님께 간절히 물었습니다.

성령님, 제 아내는 언제쯤 하나님의 음성을 듣게 될까요?

남편은 기도를 마치고 내게 다가와, 부드러운 목소리로 집중해서 기도하는 방법을 가르쳐 주었습니다.

'기도할 때 '하나님의 영광의 구름과 예수님의 영광의 빛, 그리고 성령의 불'을 마음속으로 계속 그리면서 '구름과 빛과 불'이라는 단어를 반복해 봐. 그러면 집중이 더 잘 될 거야.'

남편은 조금 더 구체적으로 나를 안내해 주기 시작했습니다.

'내가 하는 말을 따라 상상해 봐. 지금 나는 언약궤 앞에 서 있어. 천천히 언약궤의 뚜껑을 열고 그 안을 들여다봐. 무엇이 보이는지 생각해

봐. 이제 언약궤 안으로 들어간다고 상상해봐. 속죄소에서 흘러내리는 예수님의 보혈이 머리 위에서부터 천천히 흘러 내려와 너를 덮고 있어. 바로 지금, 하나님의 영광이 너에게 임하고 있어.'

나는 남편이 안내해 준 대로 천천히, 하나씩 마음속에 그림을 그렸습니다. 그러자 놀랍게도 머릿속이 맑아지고, 하나님께 더 깊이 들어가는 듯한 집중이 되었습니다. 하나님의 음성을 들을 수 있을 것 같은 강한 확신과 희망이 마음속에 샘솟았습니다.

남편은 미소를 지으며 내게 말했습니다.
우리 함께 시간을 내서 기도실에서 같이 해보자.
하지만 잠시 뒤 남편은 성령님의 말씀을 들었다며 다시 나에게 다가왔습니다.

성령님께서 기도는 혼자서 해야 한다고 하셨어. 네가 스스로 하나님과 깊이 만나는 것을 원하신다고.

나는 고개를 끄덕이며 그 말씀에 순종하기로 했습니다. 이제 나 혼자 힘으로 성령님의 인도를 따라 영의 깊은 곳으로 들어가 보려고 마음을 다잡았습니다.

2008년 4월 26일 (토) 나의 생각과 의지를 내려놓습니다

오늘 아침에는 어제 남편이 알려준 방법대로, 혼자서 지성소의 모습을 마음속에 떠올리며 기도를 시작했습니다. 눈을 감고 깊은 숨을 들이쉬며 나 자신에게 속삭였습니다.

주님, 지금 십자가 앞에 나의 모든 생각과 의지를 다 내려놓습니다.

그리고 어제 들었던 그 말을 마음속으로 반복하기 시작했습니다.

'구름과 빛과 불, 구름과 빛과 불….'

점점 잡념들이 사라지고, 마음이 한결 차분해지는 것이 느껴졌습니다. 하나님의 임재 가운데 내가 들어가고 있는 것 같았습니다. 전보다 조금 더 깊이, 조금 더 선명하게 집중할 수 있었습니다. 오늘의 기도는 어제보다 한 걸음 더 주님께 가까워진 듯하여 감사한 마음이 들었습니다.

"그러므로 하나님의 능하신 손아래에서 겸손하라. 때가 되면 너희를 높이시리라"(벧전 5:6).

2008년 4월 27일 (주일) 영어 찬양, 놀랍네요

오늘은 남편이 지난주 방문했던 미국교회에서 헌금 특송과 찬양 인도를 맡기로 했습니다. 이 교회는 남편을 고용하기 전에 찬양 인도를 잘 하는지 일종의 시험을 보는 자리였습니다. 어제 교회의 반주자인 사모님과 연습하기 위해 갔을 때, 목사님은 난처한 표정으로 말씀하셨습니다.

조금 문제가 생겼습니다. 교회에서 기존에 찬양을 맡았던 분이 자기에게 묻지도 않고 사람을 구했다며 불편한 마음을 표했습니다.

이 말을 들으니 남편과 저는 속이 편치 않았습니다. 그래서 오늘 교회로 향하면서 '이곳은 마지막일 수도 있겠다'고 생각했습니다. 게다가 미국 교회에서 처음 영어로 찬양 인도를 해야 하는 남편의 마음은 떨림과 긴장으로 가득했습니다.

마침내 1부 예배가 시작되었고, 목사님께서 남편을 성도들에게 소개하셨습니다. 남편이 떨리는 마음을 숨기고 찬양을 인도했지만, 회중의 반응은 무척 냉담했습니다. 성도들이 마치 '저게 뭐지?' 하는 듯한 눈빛으로 바라보고만 있었고, 남편도 긴장하여 찬양 인도가 자연스럽지 못했습니다.

1부 예배를 마친 뒤 목사님은 저희 부부를 따로 부르셨습니다.

너무 기대는 하지 마세요. 연세가 있는 성도님들은 새로운 변화를 그리 좋아하지 않습니다. 저도 처음 왔을 때 비슷한 경험을 했습니다.

남편은 웃으며 이해한다고 답하면서도, 사실 마음 한쪽엔 실망이 있었습니다. 하지만 남편이 오늘 처음으로 미국 사람들 앞에서 영어로 찬양을 인도했다는 이야기를 하자, 목사님은 깜짝 놀라며 정말 놀랍네요! 너무 잘했어요! 라고 진심으로 격려했습니다. 이 한마디에 남편은 다시 힘과 용기를 얻는 듯했습니다.

잠시 후 2부 예배가 시작되었습니다. 남편은 이번엔 자신을 완전히 내려놓고 오직 성령님께만 의지한 채 찬양을 인도하기 시작했습니다. 그러자 놀랍게도 분위기가 확 바뀌었습니다. 회중들도 함께 뜨겁게 찬양하기 시작했고, 남편도 어느새 떨림은 사라지고 자신감과 담대함으로 가득했습니다. 목사님은 예배 중 광고 시간에 성도들에게 이렇게 말했습니다.

오늘 이 자리가 리 형제가 생애 처음으로 미국인 회중들 앞에서 영어로 찬양을 인도한 순간입니다. 이건 성령님이 함께하시지 않고서는 불가능한 일입니다!

저는 그 말을 듣고 하나님께 깊은 감사를 올렸습니다.

2부 예배를 드리는 동안 제 앞좌석에 '조앤(Joan)'이라는 할머니가 앉아 계셨습니다. 소아마비로 태어난 조앤 할머니는 일흔 살 정도로 보였는데, 예배 전에 입구에서 밝고 환한 미소로 성도들을 맞아주고 있었습니다. 저는 그런 그녀의 미소가 너무 아름다워서 예배 전에 다가가 '당신의 미소가 너무 아름다워요'라고 인사를 했었습니다.

그런데 예배가 시작되자, 조앤 할머니 옆에 앉은 내 손에서 익숙한 신호가 오기 시작했습니다. 바로 성령의 불을 전하라는 강한 신호였습니다. 저는 속으로 당황하며 주님께 기도했습니다.

주님, 저는 영어도 잘 못하는데 어떻게 미국 사람에게 불을 전합니까?

하지만 성령님의 부담감은 계속 커져만 갔습니다. 결국 예배가 끝난 후 용기를 내서 조앤 할머니께 다가갔습니다.

제가 가슴에 손을 얹고 기도해 드려도 될까요?
물론이죠.

조심스럽게 손을 얹고 불을 전했습니다. 그런데 예상과는 달리 아무 느낌이 없었습니다. 오히려 조앤 할머니는 아주 평안한 영혼을 가진 분이라는 생각이 들었습니다. 저는 마음속에 강한 감동을 받아 그녀에게 물었습니다.

하나님께서 당신을 정말 사랑하고 계심을 믿으세요?
하나님께서 당신을 치료해 주실 것도 믿으세요?

그녀는 눈물을 흘리며 'Yes, Yes.'라고 반복해서 대답했습니다. 그녀가 우는 모습을 보자, 저도 마음이 뜨거워지고 그녀를 향한 하나님의 사랑이 얼마나 큰지 느껴져서 함께 눈물을 흘렸습니다. 그래서 그녀에게 계속 이렇게 말해 주었습니다.

하나님은 당신을 정말 많이 사랑하세요.

놀랍게도 손을 떼자 제 팔은 무거운 것을 오래 들었다가 놓은 듯한 심한 통증이 몰려왔습니다. 그만큼 그녀에게 많은 불이 전해졌음을 알 수 있었습니다.

조앤 할머니는 눈물을 닦으며 제 손을 꼭 잡고 고맙다고 하더니, 자신이 직접 쓴 시집을 저에게 선물로 주셨습니다. 예배 후 집에 돌아온 뒤 남편이 조앤에 관해 성령님께 여쭤보았습니다. 성령님은 이렇게 말씀하셨습니다.

"그녀는 너희보다 영적 수준이 더 높은 자다. 그녀는 오직 하나님을 찬양하기 위해 태어난 사람이니라. 그녀의 병은 고쳐질 수도, 안 고쳐질 수도 있느니라."

그제서야 저는 하나님께서 저를 통해 조앤 할머니에게 불을 전하게 하신 이유를 깨달았습니다. 바로 하나님의 사랑을 다시 한 번 더 깊이 전해 주고 싶으셨던 것이었습니다.

그 뒤, 저는 교회의 사모님께 다가가 불을 전했습니다. 사모님은 결혼한 지 8년이 지났지만 아직 아이가 없었고, 아이를 간절히 원하는 분이셨습니다. 이미 지난주부터 제가 그녀 곁에 서면 손이 저리고 뜨거워지는 징조가 있었습니다. 오늘이 마지막 만남일지도 모르기에 주저 없이 다가갔습니다.

성령님께서는 예레미야 33장 3절 말씀을 그녀에게 전하라고 감동을 주셨습니다. 저는 그 말씀을 사모님과 함께 나누었고, 그녀는 이 말씀이 너무 고맙다고, 다시 하나님께 구할 마음이 생겼다고 말씀하셨습니다.

저는 먼저 가슴에, 그리고 머리에 불을 전하며 기도했습니다. 제가 어떤 느낌이냐고 묻자, 사모님은 미소를 지으며 말씀하셨습니다.

온몸에 따뜻한 기운이 퍼지는 느낌이에요.

사실 사모님의 머리는 오늘 멋진 스타일을 하고 있어서 망가뜨리지 않기 위해 살짝만 손을 대었는데도, 불의 뜨거움은 선명하게 느껴졌습니다.

불을 전한 후 저는 당신께 불을 전하게 되어 너무 기쁩니다. 라고 했고, 사모님은 눈을 반짝이며 저도 불을 받을 수 있어서 너무 감사해요. 라고 말해 주셨습니다. 우리는 서로의 눈빛 속에서 주님의 은혜와 사랑을 깊이 느꼈습니다.

"예수께서 모든 도시와 마을에 두루 다니사 그들의 회당에서 가르치시며 천국 복음을 전파하시며 모든 병과 모든 약한 것을 고치시니라"(마 9:35).

2008년 4월 28일 (월) 산만의 영은 예수의 이름으로 떠나갈지어다

어제 남편이 교회에서 돌아와서는 내 손을 꼭 잡으며 환하게 웃었습니다. 내가 미국 교회에서 불을 전했다는 사실에 너무나 기뻐하며, 아이처럼 흥분된 목소리로 말했습니다.

정말 대단해! 교회 일이 혹시 잘 풀리지 않는다 해도, 내가 영어로 미국 사람들 앞에서 찬양을 인도할 수 있다는 것을 알게 된 것만으로도 너무 감사해. 게다가 당신이 미국 사람에게 성령의 불을 전했다는 게 정말 기뻐!

남편의 말에 나도 덩달아 마음이 벅차올랐습니다. 오늘 아침, 다시금 하나님께 무릎을 꿇고 기도를 드리며 하나님께서 나를 통해 불을 전하게 하신 것에 진심으로 감사를 올렸습니다.

그 후 다시 하나님의 음성을 듣기 위해 기도실에 앉아 집중하려 했습니다. 그런데 역시 내 마음속의 산만함이 온전히 사라지지 않은 듯, 집중이 잘 되지 않았습니다. 답답한 마음에 결국 기도의 자리에서 크게 외쳤습니다.

'내 안에 있는 산만의 영아, 예수의 이름으로 명하노니 내 속에서 떠나갈지어다'"

그 순간이었습니다. 마치 구름 사이로 햇살이 비치듯, 하나님의 영광의 빛이 따스하게 나를 덮는 것을 느꼈습니다. 마음이 조금씩 편안해졌고, 남편이 집중에 도움을 준다며 알려준 말인 '구름과 빛과 불'을 계속해서 조용히 되뇌었습니다. 그랬더니 조금씩 내 마음도 차분해지며 하나님께 집중되는 느낌이 들었습니다.

> "믿는 자들에게는 이런 표적이 따르리니 곧 그들이 내 이름으로 귀신을 쫓아내며 새 방언을 말하며 뱀을 집어올리며 무슨 독을 마실지라도 해를 받지 아니하며 병든 사람에게 손을 얹은즉 나으리라 하시더라"(막 16:17-18).

2008년 4월 29일 (화) 하나님께 집중하게 하옵소서

어제 남편이 '구름과 빛과 불'이라는 말을 반복하다가 어느 순간 멈추고, 잠잠히 기다려 보라고 조언해 주었습니다. 그래서 오늘 아침엔 남편의 말대로 해보기로 했습니다.

기도실에 앉아 조용히 눈을 감고 '구름과 빛과 불'이라는 말을 마음속에서 천천히 반복했습니다. 처음엔 여전히 밖에서 들려오는 작은 소리들이 신경 쓰였지만, 계속해서 집중하며 그 말을 속삭이듯 반복하다 보니 점점 바깥의 잡음들이 하나 둘 사라지기 시작했습니다.

내 마음속에는 마치 잔잔한 물결처럼 평안이 찾아왔습니다. 아직 성령님의 음성은 명확하게 들리지 않았지만, 이렇게 조용히 집중할 수 있다는 사실만으로도 큰 감사가 되었습니다. 성령님과 더욱 가까워지고 있다는 확신이 들어서였죠.

오늘은 이 작은 집중의 기쁨으로 하루를 시작할 수 있었습니다.

2008년 4월 30일㈜ 하나님의 음성을 듣다

오늘 새벽, 잠에서 깨어나기 직전까지 누군가와 계속해서 대화를 나누는 듯한 느낌을 받았습니다. 꿈인지 현실인지 분명하지 않았지만, 선명한 대화가 머릿속에서 이어지고 있었습니다. 문득 가슴이 두근거리기 시작했습니다. '설마, 이게 성령님의 음성일까?'라는 생각이 들었기 때문입니다.

급히 몸을 일으켜 조용히 기도실로 향했습니다. 기도실에 들어서서 눈을 감고 다시 한 번 마음을 집중했습니다. 놀랍게도 그 느낌은 사라지지 않고 여전히 내 마음속에서 맴돌고 있었습니다. 작은 목소리였지만 분명했습니다. 내가 어떤 질문을 던지면 즉시 내 생각 안에서 대답이 흘러나왔습니다. 마치 내가 내 자신과 독백하는 것 같으면서도, 나 혼자만의 생각은 아닌 것 같은 특별한 느낌이었습니다.

조금 후, 남편이 기도실 문을 두드리며 물었습니다.
여보, 혹시 성령님의 음성을 들었어?

저는 남편에게 아침에 있었던 이 신기한 현상에 대해 이야기했습니다. 그러자 남편이 성령님께 여쭤보더니 얼굴 가득 미소를 머금고 이렇게 말했습니다.

 바로 그거야! 당신이 드디어 성령님의 음성을 들은 거라고 하셨어!

 순간 온몸에 전율이 흘렀습니다. 드디어 내게도 기다리고 기다리던 그 순간이 찾아온 것이었습니다. 할렐루야!

 사실 남편은 며칠 전부터 의미심장한 말을 계속 해왔습니다. 당신의 일기는 4월 말까지만 기록될 거야. 그리고 그 마지막 순간은 반드시 성령님의 음성을 듣게 되는 날이 될 거야. 그래서인지 남편은 4월이 다 끝나갈 무렵 매일같이 내게 성령님의 음성을 들었느냐고 확인하곤 했습니다. 그리고 오늘이 바로 4월의 마지막 날, 성령님께서 약속하셨던 바로 그 날이었고, 정확히 그 말씀대로 이루어진 것이었습니다.

 남편과 저는 너무나 감격스러워 서로를 끌어안고 눈물을 흘렸습니다. 하나님께서 말씀하신 예언이 이렇게 정확히 이루어졌다는 사실이 믿어지지 않았습니다. 이제 나는 성령님의 음성을 들을 수 있는 사람이 되었습니다. 우리의 삶 속에 신실하게 역사하시는 하나님의 은혜에 감사가 멈추지 않았습니다.

 "사랑을 추구하며 신령한 것들을 사모하되 특별히 예언을 하려고 하라"(고전 14:1).

제2부
주님과의 친밀한 대화

1. 주님이 나를 위해 와 주셔서 감사해요 (2020.12.24.)

다니엘 보물창고 말씀을 통해 오실 주님이 아니라 이미 주님이 성탄절에 오셨다는 말씀을 듣고 주님과 대화를 나누며 "주님 나를 위해 와 주셔서 너무 고마워요"라는 고백을 했다.

주님은 나를 보며 얼마나 활짝 웃으시던지요!

어제는 또 보물창고 시간에 데이빗 목사님이 '당신의 주님은 어떤 모습인가요?'라는 질문에 주님의 모습을 떠올릴 때 항상 하얀 세마포를 입으신 주님, 정갈하고 깨끗하고 말끔하신 주님이 나를 향해 팔을 내미시는 주님의 모습이 떠올랐다.

그래서 그런지 나는 매일 하나님께 회개하나 보다.!

그런 주님의 모습을 보며 성탄절의 의미를 부끄럽지만 이번처럼 확실히 알게 된 것이 처음인 듯하다.

늘 입버릇처럼 나를 위해 오셨다고 말은 했지만 직접 주님께 감사한 것이 처음인 듯하다.

주님은 이미 2천 년 전 나를 위해 오셨는데 그렇게 나는 이 땅에서 천국을 누리지 못했던 몇 십 년이 주님께 죄송하고 천국을 누리면서도 진정 주님께 와 주셔서 감사하다는 표현을 못했다는 마음에 주님께 넘 죄송한 마음이 들었다.

　내가 만나주신 주님!

　주님은 나에게 무엇을 요구하시지 않는다.

　주님은 내가 행복하기를 바라시고 늘 평안하기를 바라셨다.

　그래서 주님을 만나 행복할 수 있었다.

　오늘 성탄절을 하루 앞둔 이 시간에 진정 주님은 나를 위해 오셨음을 마음으로 느끼며 그 주님 때문에 나는 천국 누림을 고백해 본다.

　그리고 진짜 그 주님께 온 마음으로 '나를 위해 와 주셔서 감사해요!' 고백합니다.

> "촛대 사이에 인자 같은 이가 발에 끌리는 옷을 입고 가슴에 금띠를 띠고 그의 머리와 털의 희기가 흰 양털 같고 눈 같으며 그의 눈은 불꽃같고 그의 발은 풀무불에 단련한 빛난 주석 같고 그의 음성은 맑은 물소리 같으며 그의 오른 손에 일곱 별이 있고 그의 입에서 좌우에 날선 검이 나오고 그 얼굴은 해가 힘 있게 비치는 것 같더라"(계 1:13-16).

2. 광야를 지나 가나안으로 (2021.03.05.)

지난 주 보물창고 출애굽기 말씀을 통해 광야에서 주님과 함께할 수 있다는 말씀이 내게는 너무도 감동이었다.

오늘 아침 눈을 뜨며 성령님과 대화를 나눴다.

성령님 내 광야는 무엇이 있나요?

다른 분들처럼 나에게 엄청난 광야의 시간이 없었다고 생각했던 나에게 성령님께서 나의 어린 시절을 생각나게 해주셨다.

기쁨도 없고 눈물이 많은 어린 시절, 약하고 두려워하는 나의 어린 시절!

나는 광야가 없었지 않았나? 라고 생각했던 나에게 성령님은 내 어린 시절을 보게 하셨다.

그 때 '맞어! 내 광야는 가장 약한 나의 모습, 그 모습이 광야였구나!' 라고 깨닫게 되었다.

어린 시절 나는 빛도 없이 늘 그늘 뒤에 숨어 사는 소심하고 연약하고 불쌍한 아이였다.

집도 가난했고 공부도 잘 못했고 힘이 없는 연약한 아이였다. 하지만 그 시간 주님이 지금의 모습으로 되기까지 인도해주셨음을 알게 됐다.

지금은 나의 모습은 어린 시절과 전혀 다른 모습으로 살아가고 있다. 힘이 있고 강력하고 모든 사람에게 나타나며 많은 영적 자녀들과 훈련하는 자로 서 있는 모습으로 살아가고 있다.

보물창고 시간에 광야를 얘기했을 때 <광야를 지나며>라는 찬양이 생각이 났다.

물론 한 번 밖에 들어보지 못했었지만 말씀과 넘 잘 맞는 찬양이라 지난 주 찬양을 부르며 찬양을 배웠다.

찬양이 조금 익숙해지고 찬양을 어제 다시 부르며 울컥했다.

나는 연약하고 나는 두려움이 많은 자이지만 이제는 광야를 지나 내가 가나안에 들어와 있다는 것을 깨달았다.

주님이 나의 힘이 되시고 주님만이 내 길이 되시는 광야를 지나 지금은 주님과 함께 주님의 힘으로 살아가는 가나안!

오늘 아침 그 주님의 은혜를 생각하며 얼마나 감사하고 감사한지 이 아침 또 감동이 몰려온다.

이제는 내가 광야의 삶이 아니라 가나안에서 주님이 주시는 은혜의 삶이기에 "나는 행복합니다." 고백해 봅니다.

> "강하고 담대하라. 너는 내가 그들의 조상에게 맹세하여 그들에게 주리라 한 땅을 이 백성에게 차지하게 하리라. 오직 강하고 담대하여 나의 종 모세가 네게 명령한 그 율법을 다 지켜 행하고 우로나 좌로나 치우치지 말라. 그리하면 어디로 가든지 형통하리니"(수 1:6-7).

3. 간구하지 말고 나와 대화하자 (2021.04.20.)

아침에 잠을 깨서 성령님과 대화하는데 나는 대화를 하는 것이 아니라 일방적인 간구만 하고 있는 나 자신을 발견했다.

그런데 갑자기 성령님께서 "나와 대화하자!

나는 너와 아주 가까이 있는데 왜 간구하니?

나와 가까이 하지 않는 자가 간구하는 것이다." 라고 말씀해 주셨다.

그 말씀을 듣는 순간 '왜 나는 대화하지 못할까?' 나를 돌아보게 되었다. 그렇게 나를 보고 있는데 돌아가신 친정엄마에 대한 나의 어렸을 때 기억이 떠올랐다.

성령님이 말씀하셨다.

"너의 상처다."

나의 어렸을 적 엄마에 대한 기억은 늘 혼내고 때리고 못하게 하셨던 모습뿐이다.

내가 가장 기억에 남았던 사건은 내가 초등학교 때 일이다. 몇 살인지는 정확하게 기억이 없지만 여름이었다. 집 욕조가 좀 깊고 커서 욕조에 물을 가득 받고 욕조에서 혼자서 신나게 물놀이를 했다. 그 때 엄마가 목욕탕 문을 열고 들어오시더니 그런 나를 보며 화를 내셨다.

'이렇게 물을 많이 쓰면 어떡해?'
나는 풀이 죽어 욕조에서 나오려고 일어서는데 엄마가 화가 많이 나셨는지 나를 물로 밀치 버렸던 기억이 생각났다. 그 상처가 떠오르며 늘 엄하고 못하게 하시는 엄마로 인해 나 역시 엄마처럼 내 아이들에게 엄하고 못하게 하는 내 모습이 겹쳐서 떠올랐다.

성령님께서 친정엄마로 인한 상처로 인해 내가 강한 사람을 두려워하고 가족들과 친하지 않고 오히려 외부 사람들을 더 좋아하고 내 아이들에게 정을 느끼지 못하는 것이라 하셨다.
오늘 성령님은 나의 그런 상처를 드러내셨고 나를 만지셨다. 상처로 인해 누군가와 친밀히 대화를 나누지 못하는 내 모습을 보게 하셨다.
그리고 성령님은 오늘 나에게 친밀히 다가와 나에게 "간구가 아닌 대화를 하자고" 하신다.

친정엄마는 늘 대화가 아닌 일방통행이셨던 나의 어린 시절 그 상처로 나는 다른 사람들과도 대화라기보다. 일방통행으로 말했던 나의 모습을 보게 된다. 아직도 여전히 대화가 잘 안되지만 대화를 알아가는 시간이었다.
성령님과의 관계에 있어서 간구는 일방통행이란 걸 오늘 깨닫게 하신다. 성령님은 간구를 원하시는 것이 아니라 대화를 원하심을 오늘 절실하게 깨닫게 된다.
이제까지 나의 삶은 일방통행인 삶이었기에 성령님께 묻기는 하지만 일방 통행식 대화를 해 왔다는 걸 깨닫는다.
오늘 성령님의 부드러운 목소리로 "안나야 내가 너와 가까이 있다. 간구보다. 나와 대화하자." 그렇게 성령님의 간절한 사랑이 느껴진다.

성령님은 나와 늘 인격적으로 다가오시고 늘 나를 배려해주시며 나에게 맞춰주시는 너무도 감사하고 고마우신 분이심을 깨닫는 귀한 시간이었다.

"사람이 그 친구와 이야기함 같이 여호와께서는 모세와 대면하여 말씀하시며 모세는 진으로 돌아오나 그 수종자 눈의 아들 청년 여호수아는 회막을 떠나지 아니하니라"(출 33:11).

오늘도 나를 사랑해주시는 성령님으로 행복하다.

"보혜사 곧 아버지께서 내 이름으로 보내실 성령 그가 너희에게 모든 것을 가르치고 내가 너희에게 말한 모든 것을 생각나게 하리라"(요 14:26).

4. 마음과 목숨과 뜻을 다해 (2021.05.12.)

"예수께서 이르시되 네 마음을 다하고 목숨을 다하고 뜻을 다하여 주 너의 하나님을 사랑하라 하셨으니"(마 22:37).

성령님과 대화를 나누다.
성령님 제가 어떻게 하기를 원하세요? 라고 질문했다.

"마음을 다하고 목숨을 다하고 뜻을 다해 나를 사랑하라." 고 말씀을 주신다.

그래서 나는 성령님께 구체적으로 질문을 드렸다.
성령님 마음을 다한다는 것은 무엇인가요?
성령님께서 말씀해주신다.

"마음을 다 한다는 것은 너의 온 마음으로 내게 나오는 것이다."

그러면 성령님 내가 목숨을 다하는 것은요?

"네가 죽기까지 나만을 사랑하는 것이다."

그러면 뜻을 다하는 것은요?

"나의 뜻이 너의 뜻이 되는 것이다."

그러면 성령님의 뜻은 무엇인가요?

"모든 사람이 내게 나아와 나와 함께하는 것이다."

하나님이 내게 원하시는 것은 대단한 것이 아니고 오직 하나님만을 사랑하기를 원하심을 깨닫게 된다.
하지만 늘 내가 부담을 갖는 것은 하나님을 위해 내가 뭔가 해야 된다는 부담감이 있음을 보게 되었다.
그런 나에게 말씀하신다.

"안나야! 내가 너를 선택하였고 내가 너를 세웠다. 내가 너를 얼마나 사랑하는지 아니? 내가 너를 너무 사랑함이라. 내가 너와 함께하며 너를 기뻐함이라."고 말씀해주신다.

성령님 제가 진정으로 주님만을 마음을 다해 사랑하기 원합니다. 진정으로 제가 죽기까지 주님만을 사랑하기 원합니다. 제 뜻이 아니라 하나님의 뜻이 제 뜻이 되기를 소망합니다. 라고 고백해 드렸다.
그렇게 고백을 하는 순간 나의 마음이 하나님으로 가득 채워짐을 느낄 수 있었다.
또한 성령님도 너무 기뻐하신다.
성령님께서 말씀하신다.

"내가 너를 세우며 내가 너를 사용하리라"

진정 하나님만을 위한 삶이 될 수 있도록 나를 돌아보게 하신 하나님! 오늘도 그 하나님만을 사랑하는 시간 시간이 되기를 소망한다.

"너희가 나를 사랑하면 나의 계명을 지키리라"(요 14:15).

5. 넉넉한 자가 되라 (2021.06.06.)

오늘은 성령님께 내가 사람들에게 어떻게 해야 할까요? 라고 질문하였다.

"네가 넉넉한 마음을 가져라." 라고 말씀하신다.

그 말씀을 하시면서 넉넉한 마음에 대해 알려주셨다. 성령님께서 내 안에 아직도 인색함이 남아 있는 모습을 알게 하시며 보여주셨다.

나의 성품 중 다른 사람을 주시하고 지적하는 못 된 버릇이 있다. 그 모습을 선명하게 보여주셨다.

다른 사람을 칭찬하기보다. 오히려 지적하려는 마음이 더 큰 나의 모습이다.

칭찬을 하려면 말이 잘 안 나오고 지적하는 말은 넘 쉽게 잘 나온다.

다른 사람에 대해 넉넉한 마음보다. 용서하지 못하는 마음 정죄하려는 마음이 내 속에 아직도 가득 차 있는 모습을 보게 하신다.

하나님은 나를 용서하시고 나에게 넉넉히 베푸시는 분이시다.

그래도 예전보다는 많이 넉넉해졌지만 아직도 칭찬보다는 지적하는 것을 더 잘하는 내 모습이 하나님 앞에 너무 부끄러웠다. 그런 모습이 나에게 남아 있는 칭찬에 대한 인색함이었다. 성령님께서 정죄하고 판단하는 사람은 또한 마음에 인색함이 강한 사람이라고 하셨다.

오늘 성령님과 대화를 나눈 것에 대해 성령님께 성경말씀을 달라고 했다.

그랬더니 성령님께서 출애굽기 말씀을 생각나게 하셨다.

"여호와께서 이르시대 내가 나의 모든 선한 것을 네 앞으로 지나가게 하고 여호와의 이름을 네 앞에 선포하리라. 나는 은혜 베풀 자에게 은혜를 베풀고 긍휼히 여길 자에게 긍휼을 베푸느니라"(출 33:19).

출애굽기 말씀은 물론 하나님께서 은혜를 줄자에게 은혜를 주신다는 말씀이지만 이 말씀을 다른 방향으로 풀어주셨다.

성령님께서 "나는 은혜를 베푸는 자에게 은혜를 준다. 또한 긍휼히 여기는 자에게 긍휼히 여긴다." 라는 말씀을 주신다.

은혜 줄이라는 단어는 히브리어로 "하난"이다. 그 뜻은 "호의(은혜)를 베풀다., 자비롭다., 불쌍히 여기다." 라는 의미가 있다.

"하난"은 어떤 사람이 어떤 것을 필요로 하는 사람에게 주어야겠다는 진심으로 느끼는 반응을 말한다.

이 동사는 "윗사람이 자비롭게 대해 달라고 실제적으로 요구하지 않는 아랫사람에게 행하는 행동"을 묘사한다.

"하난"은 나에게 선을 베푸는 자에게만 선을 베풀고 나에게 달라는 사람에게만 주는 것이 아니라 필요한 자들을 살피고 필요한 자들에게 내가 먼저 베푸는 모습인 것이다.

하나님은 이렇게 우리에게 자비로움으로 다가오시는데 나의 마음이 넉넉하지 못하고 인색했던 것을 하나님 앞에 회개했다.

내가 하나님의 은혜를 받은 자로서 은혜를 베푸는 넉넉함이 있어야하는데 아직도 넉넉하지 못하는 내 모습을 하나님 앞에 회개합니다.

하나님의 넉넉함을 받은 자로서 더욱 넉넉한 자가되기를 하나님 앞에 소원해 봅니다.

"나는 너희에게 이르노니 너희 원수를 사랑하며 너희를 박해하는 자를 위하여 기도하라"(마 5:44).

"너희가 너희를 사랑하는 자를 사랑하면 무슨 상이 있으리요. 세리도 이같이 아니하느냐? 또 너희가 너희 형제에게만 문안하면 남보다 더 하는 것이 무엇이냐? 이방인들도 이같이 아니하느냐"(마 5:46-47).

"그 때에 베드로가 나아와 이르되 주여 형제가 내게 죄를 범하면 몇 번이나 용서하여 주리이까? 일곱 번까지 하오리이까? 예수께서 이르시되 네게 이르노니 일곱 번뿐 아니라 일곱 번을 일흔 번까지도 할지니라"(마 18:21-22).

6. 선악과 (2021.08.27.)

아침 성령님과 대화를 나누며 성령님을 통해 귀한 말씀을 듣게 되었다.

나는 '왜 사랑하는 사람끼리 서로 불행해야 할까?'를 생각하며 성령님께 질문을 했다.

성령님은 나에게 말씀을 주신다.

"선악을 알게 하는 나무의 열매는 먹지 말라. 네가 먹는 날에는 반드시 죽으리라 하시니라"(창 2:17).

성령님은 하와 때만 선악과를 먹어서 죽는 게 아니라 지금도 선악과를 따 먹는 자는 죽는다고 말씀하신다.

나는 성령님께 "선악을 알게 하는 나무의 열매를 따먹는 것은 무엇인가요?" 물었다.

"다른 사람을 판단하는 것이며 옳고 그름을 따지는 것이다."라고 말씀하신다.

"남의 하인을 판단하는 너는 누구뇨? 그 서 있는 것이나 넘어지는 것이 자기 주인에게 있으매 그가 세움을 받으리니 이는 그를 세우시는 권능이 주께 있음이니라"(롬 14:4).

선악을 판단하는 것은 오직 하나님의 권한이다. 그러기에 판단을 하게 되면 판단하는 사람이 하나님이 되어 버리는 것이다. 그런 이유로 하나님께서 선악을 알게 하는 나무를 따먹는 자는 정녕 죽으리라 말씀하셨던 것이다.

내가 옳고 그르고를 따지고 내가 다른 사람을 판단한다면 내가 하나님이 되는 엄청 큰 죄를 짓는 것이 된다.

많은 사람들은 나에게 "목사님, 이것이 맞나요? 저것이 맞나요?" "목사님 이렇게 하는 게 맞나요?" 라고 늘 그런 질문을 많이 받는다.

그럴 때마다. 성령님의 응답은 "네가 원하는 대로 해라" 라고 하신다.

그런 응답을 주시는 성령님이 우리를 배려해서 그런다. 고만 나는 생각했는데 그것이 하나님이 사랑인 것을 오늘 성령님과 대화를 통해 명확하게 알게 되었다.

"하나님이 우리를 사랑하시는 사랑을 우리가 알고 믿었노니 하나님은 사랑이시라. 사랑 안에 거하는 자는 하나님 안에 거하고 하나님도 그의 안에 거하시느니라"(요1서 4:16).

하나님은 사랑이시기에 내가 잘하고 못하고를 따지지 않으시고 옳으냐 그르냐를 따지지 않으시며 그저 안아주신다.

또한 내가 죄를 회개하면 더 이상 하나님은 아무 말 없이 용서해주신다.

하나님은 사랑이시기에 나의 모든 허물을 보지 않으시고 나에게 언제나 기회를 주신다.

"미움은 다툼을 일으켜도 사랑은 모든 허물을 가리느니라"(잠언 10:12).

하나님이 가장 원하시는 것은 내가 옳고 그르고를 판단하는 삶보다. 오히려 다른 사람을 사랑하고 내가 기뻐하는 삶을 살기를 원하신다고 하셨다.

내가 사랑할 때 하나님이 가장 기쁘다. 하셨고 내가 기뻐할 때 하나님이 가장 기쁘다. 하셨다.

내가 옳고 그름을 판단할 때 내 주위에 있는 사람이 불행해지고 나의 삶 또한 불행해진다. 그것이 바로 죽음이나 마찬가지라고 성령님께서 말씀해주신다.

그렇기 때문에 내가 선악과를 따먹는 것처럼 다른 사람을 정죄하고 판단하고 옳고 그름을 따지는 삶은 나를 불행하게 하며 나를 죽게 하는 삶으로 이끌어 가는 것이다.

나도 많은 시간을 선악과를 따먹으며 다른 사람을 의심하고 다른 사람을 인정하지 않는 어리석은 삶을 살았던 것을 회상해 본다.

그 때는 진정한 행복이 없었고 그 때는 늘 불평과 불만, 정죄와 판단, 의심과 부정만이 가득해서 기쁨이 없었다.

내가 선악의 판단과 정죄에서 벗어나 주님 안으로 들어가며 자유해질 때 그 때 내게 기쁨이 있고 행복이 있었다.

지금은 내가 행복하다. 선악을 아는 것보다. 다른 사람을 사랑하니 더욱 행복하다.

다른 사람의 허물을 보기보다. 사랑의 눈으로 남을 바라볼 때 내게 행복이 주어진다.

이것이 옳으냐? 저것이 옳으냐를 따지지 않고 주의 영이 있는 곳에서 자유를 누리니 너무 기쁘다.

오늘도 귀한 진리를 알게 하시고 깨닫게 하시는 성령님 진심으로 감사드려요.

진리 가운데 참 자유를 누리며 하나님이 기뻐하는 사랑과 기쁨으로 살아가는 삶이되기를 소망합니다.

7. 주의 나라가 임하소서 (2021.11.20.)

성령님과 대화할 때 성령님께서 "너 안에 하나님의 나라가 임해야한다."
"내 나라로 너 안에 가득차야 한다."라고 말씀해 주신다.
그러면서 예수님도 하나님의 나라가 임하는 기도를 가르쳐 주셨던 구절을 생각나게 해주셨다.

> "나라가 임하시오며 뜻이 하늘에서 이루어진 것 같이 땅에서도 이루어지이다"(마 6:10).

하나님의 나라가 내 안에 임할 때 그 때 하늘의 기적이 일어나고 하늘의 능력이 나타난다고 깨닫게 해주신다.

나는 얼마나 하나님의 나라가 내게 임하기를 구하며 얼마나 하나님의 나라로 내 안에 가득 채웠나?
나를 돌아보며 주님의 나라로만 채워지지 않았던 것들을 회개하며 하나님의 나라가 임하길 간절히 구하였다.
하나님의 나라가 내 안에 임한다는 건 주님으로 나를 가득 채우는 것이라 알게 하신다. 계속해서 주님을 구하고 주님으로 나를 채우는 것,

그것이 내가 구해야하는 것임을 말씀해주신다.

오늘도 하나님의 나라가 내게 임하길 구하며 주님이 내게 가득 채워지길 믿음으로 바라보며 주님으로 채웠다. 주님으로 채우니 내 안에 두려움이나 걱정이 사라지고 무언가 든든해지는 느낌이 들었다.

주님은 내게 "아무것도 염려하지 말라. 내가 다. 채워 주리라. 너는 다만 즐겨라."고 말씀해주신다.

내 안에 계시는 주님, 그 주님으로 가득 채워지니 모든 것을 다. 얻은 느낌이 들었다.

오늘 내 안에서 주님이 역사하시길 나를 내어드립니다. 주님으로 생각하고 주님으로 느끼고 주님으로 살아가는 삶이 되게 하소서.

"예수께서 대답하여 이르시되 하나님 나라는 볼 수 있게 임하는 것이 아니요 또 여기 있다 저기 있다고도 못하리니 하나님의 나라는 너희 안에 있느니라"(눅 17:20-21).

8. 기적을 일으켜 주신 하나님 (2021.12.17.)

24차 의의나무집회 "기적을 체험하라" 라는 주제를 가지고 3일 동안 말씀을 전했다. 집회를 인도하는 동안 내 영이 새롭게 회복되는 것을 느꼈다.

데이빗 목사님의 눈물이 전이되어 저녁 치유예배시간 얼마나 눈물이 나던지...

주님이 주시는 눈물을 흘리며 내 영혼이 맑고 깨끗하게 정화되는 것을 느낄 수 있었다.

그동안 나도 모르는 사이에 내 심령이 굳어져 있었던 것을 발견하는 시간이 되었다.

둘째 날 새 영을 부으신다는 하나님의 말씀을 통해 내 영에 새 영이 더 많이 부어짐을 느꼈다.

늘 나에게 강하고 담대하라고 말씀하셨는데 오직 하나님만을 의지하고 하나님으로 내가 강해지는 기적을 체험했다.

나 스스로는 가질 수 없는 담대함, 나 스스로는 강해질 수 없는 담대함이다. 하지만 내 마음에 어디서 그런 힘이 나오고 그런 담대함이 나오는지요?

나는 집회 3일 동안 기적을 체험하는 시간이었다.

이제 새해를 바라보며 기적을 일으키실 하나님만을 바라보리라 결단해 본다. 새해에 하나님께서 어떤 일들을 주실 지 기대해 본다.

이제는 결코 약하지 않고 결코 나약하지 않은 자임을 고백한다.

오늘도 나에게 기적을 일으키시는 하나님!

나를 변화시키며 나를 사용하시며 나를 세워주시는 하나님!

그 하나님만을 의지하고 그 하나님과 함께 강하고 담대히 나아가리라 고백한다.

"스데반이 은혜와 권능이 충만하여 큰 기사와 표적을 민간에 행하니"(행 6:8).

"사도의 표가 된 것은 내가 너희 가운데서 모든 참음과 표적과 기사와 능력을 행한 것이라"(고후 12:12).

9. 주님의 사랑은? (2022.03.13.)

지난주부터 시작된 제자훈련 첫 시간 처음 사용하는 시스템과 오리엔테이션이라 정신없이 한 시간이 지나갔다.

드디어 토요일 오후 10시 제자훈련이 시작이 됐다.

20여 명의 반장님들과 함께하는 제자훈련 함께 얼굴을 보며 한 사람 한 사람 만나는 기쁨이 있었다.

제자훈련을 하게하신 하나님, 한국과 미국 영상으로 서로 얼굴 볼 수 있는 것이 너무 감사했다.

오늘의 주제는 주님을 닮는 삶, 그 중에 사랑이신 예수님에 대해 나누게 됐다.

한 사람 한 사람 대화를 나누는데 눈물이 제자 훈련하는 동안 계속 흐른다.

사랑이신 예수님, 그 주님의 사랑에 대해 말을 하며 나 자신도 돌아본다.

나도 주님의 사랑으로 한국교회부흥운동본부에 있는 분들을 사랑하고 있나?

나는 지금 스승만 되고 있지 않나? 나 스스로 나를 보게 된다.

가르치는 자로만 있었던 나의 모습을 보게 되었고 하나님 앞에 부끄럽게 여겨졌다.

주님의 사랑은 거저 주는 사랑 주님의 사랑은 아무것도 바라지 않는 사랑이다.

주님의 사랑은 언제나 나를 참아주시고 기다려주는 사랑이다.

그 사랑이 내게 있기 위해 얼마나 내가 그 사랑을 전했는지 부끄러울 뿐이다.

아침에 잠에 깨며 힘든 가운데 있는 한 분 한 분이 떠오른다.

그 분들을 생각하며 보혈도 뿌리고 기도하게 된다.

제자훈련을 통해 가르치는 내 자신이 변화되는 귀한 시간인 것을 깨닫는다.

주님의 사랑이 아닌 것은 다. 마귀의 것이다. 라고 말하며 마귀의 일을 주님이 멸하신 것처럼 회개함으로 마귀의 일을 멸할 수 있다는 것을 나눴다.

마귀의 일을 멸하며 주님의 사랑으로 한 영혼 한 영혼을 품으며 주님의 사랑을 닮는 주님의 제자가 되길 소망한다.

"네 이웃을 네 자신 같이 사랑하라 하셨으니"(마 22:39).

"사랑하는 자들아 하나님이 이같이 우리를 사랑하셨은즉 우리도 서로 사랑하는 것이 마땅하도다"(요일 4:11).

10. 내 소유를 다 팝니다 (2022.03.25.)

이번 주 보물창고 말씀입니다.

"예수께서 이 말을 들으시고 이르시되 네게 오히려 한 가지 부족한 것이 있으니 네게 있는 것을 다 팔아 가난한 자들에게 나눠 주라. 그리하면 하늘에서 네게 보화가 있으리라. 그리고 와서 나를 따르라 하시니"(눅 18:22).

부자에 대한 묵상 데이빗 목사님을 통해 내게 있는 것을 다. 판다는 의미는 모든 소유를 하나님의 소유라고 드리는 것이라는 말씀을 들으며 이번 주간 계속해서 묵상을 하게 되었다.

나는 과연 내게 있는 것을 다. 팔았는가?

내게 있는 것을 다. 팔았다는 의미에 대해 묵상하다가 오늘 새벽 성령님을 통해 다시 깨닫게 해 주신다.

내가 손해 보지 않으려는 것 또한 내 것을 잊어버리지 않으려고 애쓰는 모습임을 보여주신다. 그 모습은 내 것을 하나님께 드리지 못한 모습이라는 걸 알게 해 주셨다.

많은 사람들이 손해 보지 않으려고 아등바등 살아간다. 또한 내 것을 뺏기지 않으려고 아등바등 살아간다.

그 모습은 아직도 내 소유를 하나님께 드리지 않았기 때문에 아등바등 살아가는 것이라고 말씀하신다.

　주님은 손해 보라고 가르치는데 나는 절대 손해 보지 않으려고 애쓴다.

> "나는 너희에게 이르노니 악한 자를 대적하지 말라. 누구든지 네 오른편 뺨을 치거든 왼편도 돌려 대며 또 너를 고발하여 속옷을 가지고자 하는 자에게 겉옷까지도 가지게 하며 또 누구든지 너로 억지로 오리를 가게 하거든 그 사람과 십리를 동행하고 네게 구하는 자에게 주며 네게 꾸고자 하는 자에게 거절하지 말라. 또 네 이웃을 사랑하고 네 원수를 미워하라 하였다는 것을 너희가 들었으나 나는 너희에게 이르노니 너희 원수를 사랑하며 너희를 박해하는 자를 위하여 기도하라"(마 5:39-44).

　오늘 이 마태복음 말씀이 풀어졌다.
　아! 내 소유를 다. 팔면 손해 볼 수 있는 것을 알게 됐다.
　성령님이 말씀하신다.
　"나는 모든 가난한 자에게 나눠 주기를 원함이라."
　하나님은 내가 이 땅에 부자가 되기보다. 하늘의 부자가 되어 가난한 사람에게 나누는 자가 되기를 원하심을 깨닫게 되었다.
　나의 것이라 생각할 때 그것이 어렵지만 하나님의 것이라 생각하면 쉬어진다는 것을 깨닫는다.
　내가 손해 보지 않으려고 가게에서 실랑이를 벌이고 가게 주인에게 면박을 주고 했던 나의 모습이 떠오른다.
　그 모습을 오늘 하나님께 회개한다.
　훈련받는 분들에게 "가게 가서 물건 값 깎지 마세요." 라고 가르쳤다. 왜냐하면 손해 보는 것이 하나님이 원하신다는 것을 깨달았었기 때문이다.

그래서 우리는 집에 문을 안 잠그고 산다. 집에 가져갈 것이 없어서 안 잠궜던 때도 있지만 가져갈 것이 있어도 문을 안 잠근다.

누군가 간난해서 필요하니까 훔쳐가겠지? 라는 생각으로 나의 것이 아니라 하나님의 것이니까!

오리를 가자는 사람에게 십리를 가주라는 주님의 말씀대로 누군가 나에게 어떤 것을 요구하면 들어주는 편이다.

보물창고를 통해 누가복음의 말씀이 오늘 마태복음의 말씀과 함께 확실하게 정리가 되었다.

나의 소유를 하나님께 드릴 때 오히려 더 풍성해지고 또한 마음이 더 넉넉해질 수 있다는 것을 알게 된다.

손해 보는 것이 안 좋은 것이 아니라 손해 보는 것이 아까운 것이 아니라 하나님께서 필요한 자에게 나눠주라는 싸인 이라는 것을 깨닫게 된다.

그리고 여전히 내 마음에 내가 손해 보지 않으려는 마음이다.

내가 내 소유를 팔지 못했던 것들을 보게 되며 하나님께 모든 나의 소유를 팔기를 결단해 본다.

"이제는 내 것이 아깝지 않다. 이제는 내 것이 내 것이 아니라 하나님의 것입니다." 다시 고백해 본다.

내가 내 것을 지키려고 할 때 내가 내 것을 손해 보지 않으려고 할 때 나는 절대 천국에 갈 수 없음도 깨닫는다.

"낙타가 바늘귀로 들어가는 것이 부자가 하나님의 나라에 들어가는 것보다 쉬우니라 하시니"(눅 18:25).

이 말씀의 의미를 확실하게 알게 된다. 주님이 왜 부자는 하나님의 나라에 들어가기 어렵다고 하셨는지를, 내가 나의 것을 지키려고 애쓰는 것이 무언가를 소유하려는 부자이고 내가 무언가 가지고 있으면 가지고 있는 것 때문에 나의 마음은 절대 천국이 될 수 없다는 것을 깨닫는다.

내가 행복할 수 있었던 건 내 소유를 판만큼 내가 행복해졌다는 것도 깨닫게 된다.

그리고 한 가지 더 모든 것이 하나님의 것이 되면 하나님이 지키신다는 것도 말씀해주신다.

하나님,
아직도 내가 천국에 거하지 못하고 있는 부분을 용서하옵소서.
아직도 내가 손해 보지 못하고 내 것을 지키려고 했던 모든 것을 용서하여 주옵소서.
이제 나의 소유를 하나님께 드립니다.
하나님 받아주옵소서.
예수님의 이름으로 기도합니다. 아멘.

11. 누가 죄인인가? (2022.04.01.)

누가 죄인인가? 라는 질문에 해답을 찾았다.

전에 나는 하나님께 늘 회개할 때 '내가 죄가 많아서 죄인이다.' 라고 생각했었다. 그래서 늘 죄를 짓는 것만 회개하며 죄 짓는 것만 신경 썼는데 죄인은 누구인지에 대해 하나님께서 해답을 주셨다.

어느 날 남편과 어떤 사람을 용서해야 하는지에 대해 함께 대화를 나누며 누가복음 말씀을 찾게 되었다.

"너희는 스스로 조심하라. 만일 네 형제가 죄를 범하거든 경고하고 회개하거든 용서하라"(눅 17:3).

내가 용서가 안 되는 사람을 어디까지 용서해야하나 정말 어려운데 내가 용서할 대상은 무조건 죄를 지은 사람을 용서하는 것이 아니라 나에게 나와 회개하는 사람을 용서해야 한다는 말씀으로 해답을 찾게 된다.

나는 누가복음 말씀을 보며 내 속으로 '유레카'를 외쳤다. 유레카를 외친 건 누가 죄인인지 이 구절을 통해 확실하게 보게 된 것이다. 이 구절을 통해 '회개하는 사람이 죄인이구나!' 라는 것을 깨닫게 됐다.

하나님께 죄인은 죄가 많은 죄인이 죄인이 아니라 회개하는 자가 죄인인 것을 알게 됐다. 그래서 주님도 의인을 부르러 온 것이 아니라 죄인을 부르러 왔다는 말씀을 하셨던 것이다.

> "예수께서 들으시고 그들에게 이르시되 건강한 자에게는 의사가 쓸 데 없고 병든 자에게라야 쓸 데 있느니라. 내가 의인을 부르러 온 것이 아니요 죄인을 부르러 왔노라 하시니라"(막 2:17).

내가 용서할 사람은 나에게 죄를 회개하는 자를 내가 용서하기도 하지만 말씀을 통해 내가 주님께 회개할 때만 주님의 용서의 은혜를 누릴 수 있음을 깨닫게 된다.

보혈이 내게 계속해서 덮어지며 내가 강하게 내가 죄인인 것을 깨닫고 강하게 회개가 터졌다.
그 때 내게 강력한 하나님의 기름부음이 임했다.
그 전까지는 내가 기름부음이 뭔지 모르는 삶을 살았는데 회개가 강하게 일어나며 나에게 강한 진동과 함께 하나님의 강한 기름부음이 임한 것이다.
내가 죄인이 되니 진짜 주님의 은혜가 임했던 것임을 깨닫게 된다. 주님을 만날 수 있는 사람 주님과 함께할 수 있는 사람은 그냥 죄인이 아니라 진짜 주님 앞에 엎드려 진정한 회개를 하는 사람인 것을 알게 된다. 오직 그 죄인만이 주님의 은혜를 받을 수 있는 자이다.
이렇게 진리를 깨닫게 되니 너무 기쁘다.
내가 할 수 있는 것 오직 주님 앞에 늘 죄인으로 회개하는 것, 그것만이 내가 할 수 있는 일이다.
그러면 주님이 나를 받아주시며 나와 함께하시며 오늘도 나를 용서해주시고 치료해주신다. 그래서 오늘도 나는 주님께 죄인이 되어 회개하며 나아간다.

내가 주님께 죄인임을 고백하는 것이 얼마나 큰 은혜인지 고백해봅니다.

나에게 빛으로 오셔서 나의 죄를 비춰주시며 주님께 회개할 수 있도록 이끌어주신 하나님의 은혜 감사를 드립니다.

오늘도 이 죄인을 용서하여 주옵소서.

12. 먹고 사는 게 문제예요 (2022.06.25.)

상담을 하면서 많은 크리스천들이 힘들어하고 있음을 보게 된다. 많은 세월을 힘듦과 어려움으로 고통당하며 너무도 아픔을 경험하고 사는 것을 본다.

그런 분들과 고민하고 그 아픔을 나누며 성령님과 해답을 찾기 시작했다.

성령님은 그 해답을 말씀해주셨다.

힘들고 어려운 문제들은 마귀 때문인 것을 알게 하셨다. 우리가 태어날 때 아무것도 가지고 온 것이 없다. 옷도 신발도 아무것도 없이 빈손으로 이 땅에 왔다.

그런데 인생을 살면서 우리는 너무 많은 것을 입고 너무 많은 것을 신고 너무 많은 것을 소유하기 시작했다. 많은 것들을 가지다. 보니 많은 고민이 생긴다.

또 많은 것을 원하고 원하는 삶을 산다. 그리고 그 많은 것을 빼앗기지 않으려 애쓰고 힘쓰며 산다. 그리고 인생에 있어서 먹고 입고 사는 것이 가장 중요한 것이 되어버렸다.

마귀는 크리스천인 우리들에게 '먹고 입고 사는 게 중요한 거야'라고 계속 속삭여 온다.

"못 먹으면 죽어!"

"뭐 먹고 살래?"

"먹어야 산다."라며 수 없이 먹는 것에 집착하게 한다.

그렇게 못 먹으면 죽는 줄 알고 먹기 위해 살아가는 인생을 평생을 살아온다.

마귀는 예수님에게도 먹고 사는 걸로 유혹했다.

> "사십 일을 밤낮으로 금식하신 후에 주리신지라. 시험하는 자가 예수께 나아와서 이르되 네가 만일 하나님의 아들이어든 명하여 이 돌들로 떡덩이가 되게 하라"(마 4:2-3).

40일을 주리신 예수님에게 돌을 가지고 떡덩이가 되게 해서 먹으라고 한다. 왜냐하면 40일을 주리셨으니 너무 배가 고프고 너무 힘드실 테니 돌을 떡으로 만들어서 먹으라고 유혹한다. 주린 상황이었으니 어떻게든 먹는 것이 중요하니까 마귀는 먹는 걸로 공격한 것이다. 돌은 먹을 수 없는 것이기에 돌을 먹는 걸로 만들어 먹으라고 한다.

예수님께 돌이 떡이 되게 하라는 유혹처럼 우리도 돌을 가지고 떡덩이가 되게 하라는 마귀의 유혹을 받는다.

돌이 떡덩이가 되게 하라는 마귀의 유혹은 돌이라도 떡이 되게 하여 먹으라고 하며 먹을 것이 아닌 것을 가지고도 먹을 것으로 만들어서 먹는 것에 집착하게 하는 마귀의 유혹이다.

하지만 예수님은 아무리 굶주렸어도 먹고 사는 것에 집착하지 않으셨다. 예수님은 굶주린 것에 집착하지 않으셨다. 그리고 예수님은 먹고 사는 것을 집착하게 한 마귀의 유혹을 향해 담대하게 말한다.

> "예수께서 대답하여 이르시되 기록되었으되 사람이 떡으로만 살 것이 아니요 하

나님의 입으로부터 나오는 모든 말씀으로 살 것이라 하였느니라 하시니"(마 4:4).

마귀는 "돌들을 떡덩이로 만들어 너의 배를 채워야지" 하며 "네가 만들어 먹어라."

예수님에게 "먹고 사는 게 중요하다." 라며 유혹했지만 예수님은 먹고 사는 문제보다. 하나님의 말씀이 더 중요하다고 말씀하셨다.

우리 믿는 자들은 떡만 먹고 사는 게 아니라 하나님의 말씀으로 사는 것이라고 단호하게 말씀하십니다.

마귀는 우리가 가장 필요한 것을 가지고 우리를 공격 한다.

예수님께서 굶주리셨기 때문에 무엇을 먹을지 고민하는 것을 가지고 마귀는 공격한다.

지금 당장 눈에 보이는 문제, 지금 당장 눈에 보이는 환경, 우리가 가장 필요한 부분을 생각하게 하며 눈에 보이는 것을 보게 하며 걱정하게 하고 힘들어 하게 하고 두려워하게 한다.

"지금 너의 모습을 봐봐! "지금 너는 굶주려 있잖아?" 라며 돌이 떡덩이가 되게 하라고 유혹한다.

하지만 예수님은 지금 굶주린 육체의 모습을 바라보지 않으시고 영을 살리는 하나님의 약속의 말씀을 붙잡으며 사셨다.

그래서 예수님은 마귀에게 당당하게 "하나님의 입으로 나오는 모든 말씀으로 살 것이라"고 하셨다.

지금 나는 무엇을 염려하며 사는가? 무엇을 먹을까? 무엇을 입을까? 무엇을 마실까? 염려하고 산다면 지금 나는 마귀의 유혹에 빠져 사는 것이다.

믿는 자들은 무엇을 먹어서 사는 것이 아니라 하나님의 말씀으로 사는 것이다.

마귀는 자꾸 내게 육에 필요한 것을 얘기하지만 주님을 믿는 사람은 영에 필요한 하나님의 말씀을 먹어야 사는 것이다.

지금 내가 죽고 싶다면 아마도 나는 먹고 사는 것 때문에 죽고 싶을 것이다.

지금 내가 힘들다면 아마도 먹고 사는 것을 고민하고 있기 때문에 힘들 것이다.

지금 내가 고통스럽다면 아마도 내가 먹고 사는 것으로 살기 때문일 것이다.

우리는 아직도 "먹어야 산다." 라고 생각하며 못 먹는 것 때문에 죽을 지경이라 말한다.

우리가 하나님의 말씀으로 산다면 고민하지 않을 것이다.

우리가 하나님의 말씀을 믿는 믿음, 그 믿음이 우리를 살리는 것이다.

예수님은 말씀하신다.

> "그러므로 염려하여 이르기를 무엇을 먹을까 무엇을 마실까 무엇을 입을까 하지 말라. 이는 다 이방인들이 구하는 것이라. 너희 하늘 아버지께서 이 모든 것이 너희에게 있어야 할 줄을 아시느니라"(마 6:31-32).

우리가 떡을 먹어서 사는 것이 아니라 하나님이 살리셔서 우리가 사는 것이다. 그래서 나는 오늘도 하나님을 의지한다고 선포한다.

"나의 모든 필요는 채워질지어다. 이미 예수님께서 나의 모든 어려움을 위해 십자가에 돌아가셨음이라. 이미 예수님은 다 이루셨음이라. 오직 내게 모든 것은 채워졌음을 선포하노라"

담대히 선포하며 먹고 사는 걸로 고민하게 하는 마귀에게 나는 어떤 것도 필요치 않다. 오직 하나님의 말씀으로 내가 사는 것이다. 라고 오늘도 담대히 하나님 말씀만 먹으며 마귀를 대적 한다.

13. 뭐가 보여야 믿죠 (2022.07.07.)

마귀는 안목의 정욕으로 우리를 유혹한다.
마귀는 주님에게도 눈에 보이는 것으로 유혹하고 있다.

> "이에 마귀가 예수를 거룩한 성으로 데려다가 성전 꼭대기에 세우고 이르되 네가 만일 하나님의 아들이어든 뛰어내리라. 기록하였으되 그가 너를 위하여 그의 사자들을 명하시리니 그들이 손으로 너를 받들어 발이 돌에 부딪히지 않게 하리로다 하였느니라"(마 4:5-6).

성전 꼭대기에 올려 뛰어내리면 천사들이 손으로 받치는 모습이 얼마나 멋있고 얼마나 근사한가?
마귀는 "사람들에게 보여줘! 보여줘! 보여줘!" 라며 예수님을 유혹한다.
사람들은 예수님을 통해 뭔가 보기를 원했다.
주님이 이 땅에 오셨을 때에도 사람들은 메시아를 기다렸다.
메시아가 이 땅에 올 때 왕의 모습으로 오는 것을 원했다. 그래서 동방박사는 예수님이 탄생했을 때 왕궁으로 찾아갔었다.
예수님의 제자들이 주님이 왕으로 오신 줄 알았고 이 세상에서 무언가 하실 줄 알았는데 주님은 힘없이 잡혀가신 모습을 보며 다 떠나갔다.

지금은 우리도 "하나님, 보여 주세요. 보여 주세요."라며 "왜 역사가 안 나타나죠?" "왜 아무것도 없어요?" 라고 보여 지지 않는 것에 실망하며 믿음을 져 버린다.

그렇게 우리는 표적을 구하며 표적이 나타나기만을 원한다. 계속해서 도깨비방망이와 같은 역사가 하나님께서 보여주시기를 기대한다. 그렇게 기대하다가 보이지 않을 때 실망하며 주님께 등을 돌려 버린다.

하나님을 필요할 때만 찾고 응답 받을 때만 감사하는 우리의 모습이 어찌 보면 오늘 마귀의 유혹처럼 눈에 보이는 것만을 구하는 모습인 것을 깨닫게 해주신다.

오늘 주님은 그런 마귀에게 하나님을 시험치 말라 하신다.

"예수께서 이르시되 또 기록되었으되 주 너의 하나님을 시험치 말라 하였느니라 하신대"(마 4:7).

지금 나는 하나님께 보여 주세요. 보여 주세요 보여 주셔야 믿죠! 라며 하나님께 보여 주시기만을 구하고 있지는 않는가?

그건 우리가 하나님을 시험하는 것이다.

하나님은 우리의 시험 대상이 아니라 우리가 경외할 대상이시며 우리가 섬겨야할 분이시다. 우리가 사랑해야할 분이시다.

보여야 믿는 것이 아니라 보지 않고 믿을 수 있는 것이 진정으로 내가 마귀의 시험에 넘어가지 않을 수 있는 것임을 알려 준다.

"예수께서 이르시되 너는 나를 본 고로 믿느냐? 보지 못하고 믿는 자들은 복되도다 하시니라"(요 20:29).

나는 자꾸 눈으로 보아야 믿으려 하는데 그것을 마귀가 알고 나를 안목의 정욕으로 유혹하고 있다.

우리는 자꾸 표적을 구한다. 눈에 보이는 표적만 바라보며 주님을 따라가려 한다. 보지 않고도 하나님이 살아 계심을 믿고 살아 역사하시는 하나님이라고 믿는 믿음은 너무도 귀한 믿음임을 안다.

보지 않고 믿을 수 있다면 그 믿음은 절대 흔들리지 않는 믿음이 될 것이다.

표적을 따라가면 믿음 생활 속에 매일 실망하고 좌절하고 절망하는 믿음 밖에 될 수 없고 상처만 받게 될 것이다.

오늘도 하나님이 눈에 보이지 않지만 하나님께 보여 달라 구하지 않고 오직 살아 역사하시는 하나님을 믿는 믿음을 드리길 소망 한다.

하나님만 바라봅니다.

하나님만 믿습니다.

하나님만 사랑합니다.

더 이상 나를 안목의 정욕으로 유혹하는 마귀를 대적 합니다.

이제는 보여주지 않으신다 해도 오직 하나님만 믿고 따라 가겠습니다.

14. 의인들의 길과 악인들의 길 (2022.07.09.)

성령님! 오늘 저에게 말씀을 주세요. 라고 여쭸을 때 성령님이 시편 1편 말씀을 주신다.

"복 있는 사람은 악인들의 꾀를 따르지 아니하며 죄인들의 길에 서지 아니하며 오만한 자들의 자리에 앉지 아니하고 오직 여호와의 율법을 즐거워하여 그의 율법을 주야로 묵상하는도다. 그는 시냇가에 심은 나무가 철을 따라 열매를 맺으며 그 잎사귀가 마르지 아니함 같으니 그가 하는 모든 일이 다 형통하리로다. 악인은 그렇지 아니함이여 오직 바람에 나는 겨와 같도다. 그러므로 악인들은 심판을 견디지 못하며 죄인들이 의인들의 모임에 들지 못하리로다. 무릇 의인들의 길은 여호와께서 인정하시나 악인들의 길은 망하리로다"(시 1:1-6).

이 구절은 내가 어렸을 때 새해 때마다 우리 가족이 함께 암송했던 구절이다. 그래서 구절은 보지 않고도 암송하고 있는 구절이다.
오늘 성령님께서 구절의 의미를 깨닫게 해 주셨다.
지금 코로나 이후로 많은 사람들이 어려운 시기를 건너고 있다.
우리 한국교회부흥운동본부도 어려운 시기를 지나고 있는 시간이기도 하다. 어렵다 보니 어려움을 극복하기 위해 요즘 성령님과 대화를 많이 나눈다.

성령님은 어려움을 통해 네가 다른 사람의 어려움도 돌아보라 하신다.
그리고 어려움을 극복하기 위한 방법으로 시편1편을 주셨다.
시편 1편 3절을 이해할 수 있게 풀어주신다.

"그는 시냇가에 심은 나무가 철을 따라 열매를 맺으며 그 잎사귀가 마르지 아니함 같으니 그가 하는 모든 일이 다 형통하리로다."

태풍은 의인이든 악인이든 다 겪게 된다. 그 태풍은 의인이라고 겪지 않고 지나가는 것은 아니다. 하지만 의인과 악인이 다른 점은 그 태풍이 몰아치는 상황 속에서 하나님께서 의인을 지키신다.
의인들의 길은 잎사귀가 마르지 않으며 행사가 다 형통하는 역사가 있다.
내가 어려운 시국에 해야 할 일은 내가 끝까지 의인들의 길로 걸어가야 한다.
잎이 무성하기 위해 가지치기를 하듯 내 삶에서도 태풍을 통해 의인들의 길을 걸어가지 않는 것들을 찾으며 하나님 앞에 회개하며 가지치기를 해야 함을 깨닫게 된다.
식물을 키울 때 잎이 마르고 무성하지 못한 것은 상한 잎이 그 영양분을 빼앗아 가기 때문에 다른 온전한 잎도 마르는 것이다.
우리 한 부분도 지금까지 어떤 어려움이 닥칠 때마다 하나님께서 가지치기를 하셨다.
지금도 한부분이 가지치기를 하는 시기이다.
한 부분을 가지치기 할 때면 나도 나 자신을 돌아보며 내 삶을 재정비 한다.

내가 의인들의 길을 걸어가는가? 악인들의 길을 걸어가는가? 나를 돌아보는 시간이다.

오히려 생활이 힘들어질 때 의인들과 악인들이 확연하게 나눠진다.

의인들은 하나님을 바라보며 하나님께 인정받기 위해 하나님을 의지한다.

또한 자신을 돌아보며 회개하는 사람이다.

그렇지만 악인들은 생활이 힘들면 하나님께 불평하고 옆에 있는 사람에게 불평하고 불만하고 남의 탓을 하며 남을 미워한다.

이스라엘 백성들도 광야에서 힘들었을 때 모세에게 순종하는 자와 모세를 대적하며 모세를 불평하는 자들 둘로 나눠졌다. 하지만 모세를 대적하고 모세를 불평하던 자들이 결국은 하나님께 멸망을 당한 모습을 기억한다.

삶이 어려울 때 우리도 하나님을 더 의지하는 자와 불평하는 자로 나눠진다. 불평하는 자가 되면 결국은 망한다.

이 어려운 시기에 내가 할 일은 악인들의 길에 서지 않고 오히려 하나님의 인정을 받는 삶을 살아야 한다.

그 길만이 이 시기를 지나고 극복할 수 있는 방법임을 알게 해 주신다.

하나님의 인정을 받는 방법은 첫째, 악인들의 꾀를 따르지 않는다.

둘째, 오만한 자들의 자리에 앉지 않는다.

셋째, 여호와의 율법을 즐거워하여 그의 율법을 주야로 묵상하는 것이다.

오늘 나에게 하나님은 이 말씀을 주신다.

내가 지금 악인들의 길을 가고 있지는 않은지?

내가 지금 의인들의 길에 잘 서있는지? 나 자신을 돌아본다.

혹시 세상의 정욕의 빠져 불평과 불만하며 하나님을 원망하지는 않는지 나 자신을 돌아본다.

오늘도 하나님께 인정받기 위해 세상의 정욕대로 살아가는 부분을 하나님 앞에 회개 한다.

하나님께 인정받지 못하는 부분들을 회개한다.

오직 내가 살 길은 하나님께 인정받을 때 내가 살아갈 수 있음을 깨달으며 하나님께 인정받기 위해 오늘도 하나님께 엎드린다.

그리고 왜 하나님께서 한 부분을 재정비하시는지 그 이유도 깨닫게 된다.

하나님이 늘 이렇게 재정비하실 때면 우리를 망하게 하려고 재정비하시는 것이 아니라 더 풍성해지기 위함임을 깨닫는다.

오늘도 나를 가지 치며 의인들의 길로 가기 위해 하나님 앞에 또 엎드린다.

"무릇 의인들의 길은 여호와께서 인정하시나 악인들의 길은 망하리로다"(시 1:6).

15. 나는 영적 바리새인이었습니다 (2022.08.12.)

새벽에 꿈을 꾸다가 잠에서 깼다.

꿈속에서 많이 어지럽혀진 방을 보았다.

나는 어지럽혀진 방을 보며 '어떻게 하면 저걸 치우지?' 라며 어지럽혀진 것만 보면서 판단하는 나의 모습이 보였다.

꿈에서 깼는데 성령님은 나에게 "남의 죄에 간섭하지 말고 너 자신을 지켜 정결케 하라" 고 말씀해 주셨다.

성령님의 음성을 듣고 나서 내가 쓴 글 중에 '남의 죄에 간섭하지 마라' 는 글을 썼었나?' 싶어 내가 쓴 글을 다시 읽어보았다.

나의 나눔의 삶에 대부분 회개에 관한 글들이었고

말씀들을 통해 내가 변화되어야 하는 부분에 초점이 맞춰져 있었다.

물론 하나님을 만나기 위해선 정결함과 거룩함이 정말 중요하지만 나의 글들 속에는 너무나 정결함과 거룩함에만 집중하고 있는 나의 모습을 보게 하셨다.

성령님은 정결함과 거룩함도 중요하지만 다른 중요한 사실을 말씀해 주셨다.

나의 판단 정죄는 우리 가계의 저주와 같은 것이다.

나의 친정 엄마는 너무도 율법적인 엄마였다.

우리들을 율법적으로 철저하게 교육하셨다.

주일에 물건을 사면 안 돼!

주일 다른 곳에 가면 안 돼! 꼭 교회 가야 돼!

주일에 오락을 즐기지 말라고 했어 그러니 티비 보면 안 돼! 하며 절대 어떤 것도 허용하지 않으셨던 분이다.

나는 항상 친정 엄마의 눈치를 보며 자유롭지 못하고 그렇게 학창시절을 보냈다.

그렇게 엄마로부터 빡센(?) 훈련을 받다. 보니 세상 친구들과 어울리거나 세상 가요를 부르는 것조차도 큰 죄를 짓는 줄 알고 살았었다.

그런 학창시절을 보내며 학교에서도 자유롭지 못하고 친구들과 잘 어울리지도 못하고 내게 알게 모르게 바리새인의 모습이 들어와 있었다.

믿음 생활하면서 내가 가장 중요하게 생각했던 것이 아마도 '절대 죄를 지으면 안 돼'였다.

육적으로 바리새인의 모습은 주님을 가까이 만날 수 없게 했고 주님을 만나는데 많은 방해를 주었었다.

죄를 짓는 것에 대해 자유하지 못하니 나의 삶에 자유로움이 없고 자유하지 못하니 늘 무서운 하나님만 만나고 있어서 가까이 갈 수가 없었다. 죄를 짓지 않으려고 하니 믿음 생활이 어렵게만 느껴졌다.

그런 나에게 성령님은 말씀을 통해 자유로움을 주셨다.

"그가 빛 가운데 계신 것 같이 우리도 빛 가운데 행하면 우리가 서로 사귐이 있고 그 아들 예수의 피가 우리를 모든 죄에서 깨끗하게 하실 것이요"(요일 1:7).

나의 의로 주님을 만나는 것이 아니라 주님의 보혈을 통해 내가 주님을 만날 수 있는 것을 깨달았다.

그런 주님의 은혜가 얼마나 감사하고 얼마나 나를 자유롭게 하는지 말씀을 깨닫고 죄에서 자유를 얻게 되었다.

그 말씀을 깨닫기 전에는 예배 인도가 부담이 되고 주님께 가까이 가기가 꺼려지는 삶을 살았는데 성령님의 말씀으로 참 자유를 누리게 되었다.

그렇게 참 자유를 누리면서 살아왔나 싶었던 내가

어느 순간 나도 모르게 계속해서 회개에만 포커스가 맞춰져 있는 것을 꿈을 통해 성령님께서 깨닫게 해주셨다.

나는 어떤 말씀을 읽든 어떤 말씀을 깨닫든 회개하는 삶에 초점이 맞춰져있는 나를 깨닫게 되었다.

다른 사람에 대해서도 사랑의 마음으로 먼저 다가서기보다 바리새인들처럼 먼저 정죄하는 나를 보게 되었다.

아침 성령님은 나에게 주님의 사랑을 깨닫게 하신다.

"바리새인은 절대 사랑을 모른다."

성령님께서 말씀해 주신다.

"바리새인은 오직 죄를 짓지 않고 율법대로 사는 것만을 알기 때문에 사랑을 알기가 쉽지 않다." 고 하신다.

"법대로 사는 사람은 딱딱할 수밖에 없다."는 말씀을 주시면서 성령님은 나로 주님의 삶을 보게 하셨다.

예수님은 이 땅에 율법을 완성하러 오셨다.

진정한 율법의 완성이 무엇인지 몸소 보여주셨다.

오히려 바리새인들 눈에는 예수님이 율법을 거스르는 행동을 자주 한다고 생각했다.

바리새인들이 보기에 예수님은 신성모독 죄를 짓는 가장 죽을 수밖에 없는 죄인이셨다.

하지만 무엇이 안식일을 지키는 것인지 무엇이 율법인지 예수님은 몸소 보여주셨다.

주님은 이 땅에 살면서 가난한 자들 불쌍한 자들을 돕고 치료하고 친구가 되어주는 일을 하셨다.

또한 죄인 된 우리들을 위해 죽기까지 사랑하셨다.

주님이 보여주신 것은 오직 사랑이셨다.

주님은 우리로 하여금 죄로 인해 정죄함을 받지 않도록 우리를 위해 십자가에서 돌아가셨다.

그렇게 주님은 사랑이 율법의 완성이라고 알려주고 이 땅을 떠나셨다.

"사랑은 이웃에게 악을 행치 아니하나니 그러므로 사랑은 율법의 완성이니라"(롬 13:10).

성령님은 나에게 사랑이 전부임을 보게 하셨다.

주님이 우리에게 율법을 주신 것도 오직 하나님을 사랑하고 이웃을 내 몸과 같이 사랑하는 것이었다.

하지만 나는 아직도 다른 조건을 자꾸 붙이며 다른 사람을 판단하고 정죄하는 내 모습을 보게 된 것이다.

내가 거룩하다고 생각하며 스스로 높아져 깨끗하다는 이유로 다른 사람들에 대해 여전히 판단하는 영적바리새인의 모습을 발견하게 되었다.

이제는 나의 죄 바리새인의 모습을 주님께 내려놓게 되었다.

주님이 가장 원하시는 것은 오직 사랑이라는 것을 깨달으며 나의 모든 판단과 정죄하는 죄에서 해방을 느끼게 된다.

"그러므로 이제 그리스도 예수 안에 있는 자에게는 결코 정죄함이 없나니 이는 그리스도 예수 안에 있는 생명의 성령의 법이 죄와 사망의 법에서 너를 해방하였음이라"(롬 8:1-2).

사랑하는 주님,
이제는 죄의 법아래 있는 자가 아니라 주님의 사랑으로 참 자유를 누립니다.
하나님 오늘도 평생을 벗어나지 못한 바리새인의 죄를 벗게 하시니 감사합니다.
이제는 다시는 바리새인처럼 죄를 짓지 않고 오직 주님의 사랑으로 이웃을 사랑하는 자로 살기를 소망합니다.
나를 지키시고 보호하소서. 아멘.

"율법과 선지자는 요한의 때까지요 그 후부터는 하나님 나라의 복음이 전파되어 사람마다 그리로 침입하느니라"(눅 16:16).

16. 충만함을 알 수 있는 척도 (2022.12.20.)

성남생명수교회에서 집회를 은혜롭게 마쳤다.

성남생명수교회 주제가 '하늘의 문이 내게 열리도다.'였다. 성령 충만한 집회로 하나님께서 충만한 시간들이 되도록 인도해주셨다.

성령 충만하신 성남생명수교회 목사님 부부 두 분과 함께한 귀한 집회였다. 두 분의 찬양인도가 얼마나 충만하던지 내가 기름부음을 받는 귀한 시간이 되었다. 집회 때 성령님은 충만함을 측량할 수 있는 척도를 알려주셨다.

"여호와는 나의 목자시니 내게 부족함이 없으리로다"(시 23:1).

그 척도는 내가 부족함이 없다. 라고 느끼는 것이 진정으로 충만한 것이라고 하셨다. 말씀을 전하며 충만함을 아는 방법이 참 쉽다는 것을 알게 됐다.

내 마음에 뭔가 부족하다. 라고 느낄 때 내가 충만함이 빼앗긴 것이다. 내 마음에 불평이 생길 때 내가 충만함을 빼앗긴 것이다. 또한 다른 사람이 부족해 보여도 내게 충만함이 빼앗긴 것이다. 다른 사람에게 불평이 생길 때 내게 충만함이 빼앗긴 것임을 알게 하셨다.

내가 충만하면 어떤 환경도 어떤 사람도 아무것도 부족함을 느끼지 못한다는 말씀을 전하게 하셨다.

　그 말씀처럼 진짜 나의 삶에 충만함이 떨어졌을 때 내가 인상이 써지고 힘들어지고 없어 보이고 부족해 보였던 모습이 있었다.

　그런데 신기하게도 충만해지면 아무런 불평도 아무런 어려움도 아무런 불편함도 또한 내가 부족하다는 생각도 느끼지 못했다. 그리고 너무 내 마음에 기쁨과 행복이 임한다. 그 모든 것이 충만함이 있느냐 없느냐 척도였음을 깨닫게 된다.

　충만해지면 모든 사람들이 사랑스러워진다.

　정말 신기하다.

　한국 일정이 빡빡해서 사람들은 힘들겠다고 말씀하시지만 하나님께서 충만함을 주셔서 전혀 힘들지가 않다. 시차 때문에 잠을 잘 못 자고 있어도 전혀 피곤하지가 않다.

　늘 평안과 기쁨과 행복이 임한다.

　오늘 아침 일지를 쓰면서도 주님 때문에 넘 행복하다.

　나에게 충만함을 주셔서 주님의 일을 잘 감당하게 하시니 너무 감사와 은혜가 임한다.

　데이빗 목사님 새벽예배 때에 "내가 살아가는 이유~" 찬양을 따라 부르며 눈물이 흐른다.

　모든 것이 하나님의 은혜요 나를 충만케 해주시는 하나님의 사랑이기에 하나님 내게서 충만함이 떠나지 않도록 내게 오늘도 충만함을 주옵소서.

　오늘도 부족함 없는 삶을 시작합니다.

"여호와는 나의 목자시니 내게 부족함이 없으리로다."

17. 기쁨과 감사가 넘치는 추수감사절 (2023.11.20.)

"나팔 부는 자와 노래하는 자들이 일제히 소리를 내어 여호와를 찬송하며 감사하는데 나팔 불고 제금치고 모든 악기를 울리며 소리를 높여 여호와를 찬송하여 이르되 선하시도다. 그 자비하심이 영원히 있도다하매 그 때에 여호와의 전에 구름이 가득한지라. 제사장들이 그 구름으로 말미암아 능히 서서 섬기지 못하였으니 이는 여호와의 영광이 하나님의 전에 가득함이었더라"(대하 5:13-14).

주일 설교말씀을 전하며 내가 하나님께 어떻게 나아가야하는지 알게 되었다. 내가 하나님께 나아갈 때는 기쁨과 감사로 하나님을 찬양해야 한다.

역대하 5장 말씀을 통해 하나님께서 알게 하셨다.

불세례 집회에 처음으로 참여하시는 분들은 춤을 추며 기뻐 찬양하는 모습을 보면 다들 "뭐야?" 라는 표정을 짓는다.

그런 모습을 볼 때면 너무 안타깝다. 그런데 우리가 기뻐 찬양하며 춤을 추며 소리를 높여 감사하며 모든 악기들을 다. 동원하며 할 수 있는 모든 것을 다. 가지고 하나님께 예배하는 모습을 말씀을 통해 보게 된다.

얼마나 하나님께 감사하고 얼마나 기쁘면 모든 것을 가지고 찬양할까?

하나님은 그런 우리의 마음을 너무 기뻐하신다. 하나님은 내가 얼마나 기뻐하는지 내가 얼마나 감사하는지 그 모습을 보신다. 내가 기뻐할 때 하나님이 기뻐하시고 내가 감사할 때 하나님은 나를 통해 영광을 받으신다.

내가 감사하고 기뻐할 때 하나님이 기뻐하시는 증거로 "그 때에 여호와의 전에 구름이 가득한지라."

우리에게 영광으로 임하여 주시고 전에 구름으로 가득 채워주신다.

다윗이 언약궤가 들어올 때 왕이면서도 온몸을 흔들며 기뻐하며 감사했던 모습이 떠오른다.

추수감사절 예배를 드리며 행복한교회 모든 분들이 기뻐하며 감사하며 하나님 전에 모이는 모습을 본다.

추수감사절 장식을 하면서 성도들이 기쁨으로 장식하는 모습도 넘 은혜가 된다.

서로 서로 염려해주고 서로 서로 도와주는 모습을 보며 하나님께서 얼마나 기뻐하실지 모든 분들이 행복하기 위해 애쓰는 행복한교회 성도들의 모습이 하나님이 보시기에 얼마나 아름다운지 생각하게 된다.

모든 분들이 하나님께 감사하며 기뻐하며 하나님 앞에 나아가는 모습이 하나님이 원하시는 예배의 모습인 것을 오늘 예배를 통해 깨닫게 된다.

말씀을 전하는 나도 하나님께 더 감사하며 더 기뻐하리라 고백해 본다.

18. 사울의 가문은 왜 망했을까? (2024.01.04.)

사무엘 상.하 보물창고를 전하며 사울과 다윗에 대해 깊이 있게 깨닫게 된다.

사무엘하 말씀 중 절뚝발이 므비보셋만 남게 된 사울의 가문이야기를 전했다. 아침에 사울의 가문은 왜 망했을지 너무 궁금하여 성령님께 여쭤보았다.

성령님께서 성경구절을 생각나게 하신다.

> "내 백성이 두 가지 악을 행하였나니 곧 그들이 생수의 근원되는 나를 버린 것과 스스로 웅덩이를 판 것인데 그것은 그 물을 가두지 못할 터진 웅덩이들이니라"(렘 2:13).

사울의 가문이 몰락한 가장 큰 원인은 사울이 성경말씀대로 생수의 근원이신 하나님을 버렸기 때문이라 깨닫게 해 주셨다.

사울은 단순히 불순종의 죄만을 지은 것이 아니라 불순종하게 된 것은 하나님을 버리는 죄를 지은 것이라는 깨달음을 주셨다. 그래서 사울의 가문이 몰락하게 된 것을 확실히 깨닫게 되었다.

내가 죄를 짓고 안 짓고 내가 올바르게 똑바로 살고 안 살고가 중요한 것이 아니라 생수의 근원되신 하나님을 의지하고 순종하며 사는 삶이 얼마나 중요한지를 알게 된다.

삶을 사는 많은 시간 동안 얼마나 하나님을 많이도 버렸는지 모른다. 사울만 하나님을 버린 것이 아니라 나 역시도 하나님 없이도 너무 잘 살았던 시간이 있었다.

그런 삶이 내가 몰락하는 삶인지도 모른 채 그렇게 너무도 잘 살았었다. 하루하루의 삶에서도 얼마나 많은 일들을 내가 생각하고 내가 결정했던 일들이 많다.

그렇게 하나님 없이 산 시간들을 하나님께 날마다. 회개하는 요즘 그런 나를 하나님은 버리지 않으시고 회개할 때마다 받아주신다. 그리고 내가 하나님께 돌아올 때면 하나님은 늘 내 편이 되어주신다.

2024년 새해를 시작하며 사울의 길로 가지 않기를 소망해본다. 또한 다윗의 길과 같이 오직 하나님의 뜻을 묻고 하나님을 의지하고 하나님께 순종하는 삶이 되기를 결단해 본다.

하나님 2024년 새해를 주신 하나님께 감사합니다.

하나님 없이 산 모든 순간들을 용서하시고 2024년은 오직 빛이 되신 주님과 동행하는 한해가 되게 하옵소서.

오직 주님의 뜻을 이루는 한해가 되게 하옵소서.

"사무엘이 이르되 여호와께서 번제와 다른 제사를 그의 목소리를 청종하는 것을 좋아하심 같이 좋아하시겠나이까? 순종이 제사보다 낫고 듣는 것이 숫양의 기름보다 나으니 이는 거역하는 것은 점치는 죄와 같고 완고한 것은 사신 우상에게 절하는 죄와 같음이라. 왕이 여호와의 말씀을 버렸으므로 여호와께서도 왕을 버려 왕이 되지 못하게 하셨나이다 하니"(삼상 15:22-23).

19. 하나님 언제까지 입니까? (2024.05.10.)

오늘 아침 어떤 분이 저에게 상담하러 오셨다.

"샬롬! 목사님, 며칠 전 꿈으로 톡 드렸던 000집사입니다.

지금 경제적으로 제 상황과 환경이 사방으로 막혀 힘든 상황입니다.

저의 불순종도 있지만 계속 기도하고 구하고 찾고 두드리는데 무엇이 문제인지 경제로 인해 오는 압박감이 심합니다.

주님께서 무엇을 원하는지 조금은 낙심이 됩니다."

이분과 상담하면서 우리의 심령이 항상 "하나님 언제까지 입니까?"라고 얼마나 하나님께 질문을 했는지 깨닫게 하신다.

그 집사님께 히브리서 10장 38절 말씀을 대답으로 드렸다.

"나의 의인은 믿음으로 말미암아 살리라. 또한 뒤로 물러가면 내 마음이 그를 기뻐하지 아니하리라 하셨느니라"(히 10:38).

그랬더니 그 분이 저에게 답장을 주시기를 새해에 하나님이 시편 20편 1-3절 말씀을 받으셨다는 것이다.

[다윗의 시, 영장으로 한 노래]

"환난 날에 여호와께서 네게 응답하시고 야곱의 하나님의 이름이 너를 높이 드시며 성소에서 너를 도와주시고 시온에서 너를 붙드시며 네 모든 소제를 기억하시며 네 번제를 받아주시기를 원하노라(셀라)"(시 20:1-3).

그러면서 다윗에 대한 얘기를 하게 되었다. 다윗의 삶이 하나님께 마음에 합한 자라는 얘기를 들은 자입니다. 하지만 다윗의 삶은 평탄치 않았습니다.

다윗은 많은 전쟁과 많은 반역과 어려움으로 힘겨운 인생을 산 사람 중에 한사람입니다.

우리는 인생에 내게 문제가 없기를 바랍니다. 그러면서 늘 하나님께 "하나님 언제까지입니까?" 질문을 하게 됩니다.

문제는 없는 것이 아닙니다. 문제는 언제나 있습니다. 믿음생활 잘 한다고 아무 문제가 없는 것이 아닙니다. 문제를 극복하는 것이 믿음의 삶을 살고 있는 우리들의 몫임을 깨닫게 되는 귀한 상담시간이었습니다.

다윗이 하나님만 의지하고 하나님의 뜻대로 행하였을 때 다윗은 전쟁과 그 많은 반역과 많은 시련을 이기고 승리했다는 말씀을 깨달으며 오늘 저에게 주시는 하나님의 귀한 말씀으로 듣게 되었습니다.

오늘도 하나님만 의지하며 하나님의 뜻내로 행하며 승리하는 하루기 되게 하소서.

20. 나 주님이 필요해요 (2024.05.20.)

"흑암에 앉은 백성이 큰 빛을 보았고 사망의 땅과 그늘에 앉은 자들에게 빛이 비취었도다 하였느니라"(마 4:16).

빛으로 오신 예수님 주님의 빛이 얼마나 중요한지 깨닫는 한 주간이었다. 주님의 빛이 없는 흑암은 얼마나 끔찍한지 체험하는 시간이었다.

어떤 분을 만났는데 그 분을 통해 방심한 틈을 타서 어두움이 제게 강하게 임했다. 주님의 빛을 바라보지 못하고 어두움이 내게 임하는데 마음이 우울해지고 마음이 계속 아래로 아래로 떨어지는 것이다.

어두움에 있을 때는 어두움이 내게 임했는지 알지 못했다. 어두움이 안에 가득하니 마음이 답답하고 마음이 불안하고 마음이 불평으로 가득 채워지기 시작했다. 어두움은 나를 나락으로 끌고 갔다.

평생에 처음으로 체험하는 어두움이었다. 극기야 어두움이 짙게 깔리니 온 몸이 떨리며 더 이상 주체가 안 되며 그냥 미쳐버릴 것만 같았다.

계속 눈물이 나고 몸은 계속 떨리고 어떤 분이 나로 하여금 부르르 떨었다.

그런 가운데 남편인 데이빗 목사에게 안수를 해 달라고 SOS를 청했다. 그렇게 안수를 받는데 안수를 통해 빛이 내게 임하였다. 온 몸이 저려지며 온 몸에 무언가 덮여지듯 온 몸에 불안증이 사라지고 두려움이 사라지고 우울함이 사라지기 시작했다.

주님의 빛이 안수를 통해 내 안에 들어오는 것이었다. 그렇게 빛이 임하는데 미칠 것만 같았던 나의 마음이 가라앉고 마음에 평강이 임했다.

그렇게 내 안에 있는 어두움은 순식간에 사라졌다. 빛이 얼마나 좋은지 빛이 얼마나 중요한지 깨닫게 되는 체험이었다. 또한 어두움에 갇혀 있는 분들이 얼마나 힘들게 사는지 그 마음을 알게 되었다. 그리고 그 분들에게 빛을 전하는 것이 얼마나 중요한 사명인지 알게 되었다.

빛을 체험케 하신 하나님께 감사를 드렸다.

이제는 절대 어두움이 내 안에 들어오지 않도록 오직 빛 되신 예수님과 함께 동행하는 삶을 사는 것이 얼마나 중요한지 확실히 체험하는 귀한 시간이었다.

모든 어두움은 주님으로 다. 떠나갈지어다.

어두움은 더 이상 나와 상관이 없음을 선포하노라.

오늘도 주님이 필요해 찬양하며 주님만 의지 합니다.

오늘도 빛 되신 주님 내게 더 비추소서.

21. 능력을 부인하는 자 (2024.05.29.)

"경건의 모양은 있으나 경건의 능력은 부인하니 이 같은 자들에게서 네가 돌아서라"(딤후 3:5)

성령님과 대화하면서 성령님께서 디모데후서 3장 5절 말씀을 말씀해 주신다. 이 말씀을 통해 내가 얼마나 경건의 능력을 부인했는지를 깨닫게 하신다.

그래서 원어를 찾아보았다.

'능력을 부인한다.'는 말씀에서 부인하다는 것을 원어로 보면 [ἀρνέομαι] 아르네오마이 거절하다. 부인하다. 라는 의미를 가지고 있다.

경건의 모양은 하나님이시고 그 하나님은 내 안에 계신다. 능력을 인정하는 것은 그 하나님을 인정해 드리는 것이다.

그 능력을 인정하고 받아들이는 것이 중요한데 내 마음에 '나는 능력이 없어'라고 말하며 스스로 포기하고 좌절하고 뒤로 멈칫하는 모습이 있음을 보게 되었다.

성령님은 "그것이 능력을 부인하는 거다."라고 말씀해주셨다.

사실 디모데후서 3장 5절 말씀을 성령님께서 나에게 몇 번을 말씀해 주셨는데 그 말씀의 뜻을 오해하고 있었다.

내가 오해한 것은 경건의 모양은 있으나 능력이 없는 자에게서 역사가 일어나지 않는 자에게서 돌아서라 라는 뜻으로 잘 못 알고 있었다.

하나님께서 그 말씀을 다시 해석해 주셨다.

능력이 없는 자가 아니라 능력을 부인하고 거절하는 자이다. 하나님을 인정하지 않는 것이다.

하나님이 내 안에 계시기에 그것을 거절하면 안 되는데 나는 능력이 없다. 라고 생각하며 그 능력을 부인했던 나의 모습을 보게 되었다.

내 안에 믿음이 부족함을 느꼈다.

하나님은 나를 세계적인 사역자로 쓰신다고 하시는데 나는 그 모든 것을 거절하고 부인하는 마음이 내 안에 있었다.

그래서 성령님께서 나에게 계속해서 디모데후서 3장 5절 말씀을 주셨던 것이다.

모세와 같이 내 마음에 "하나님 보낼 자를 보내소서."라는 마음이 있었던 것이다.

또한 "내가 무엇을 하겠습니까?" 그렇게 주춤하고 있었다.

"내가 주의 제자들에게 데리고 왔으나 능히 고치지 못하더이다. 예수께서 내납하여 이르시되 믿음이 없고 패역한 세대여 내가 얼마나 너희와 함께 있으며 얼마나 너희를 참으리요 그를 이리로 데려오라 하시니라"(마 17:16~17).

주님은 제자들을 향해 "믿음이 없고 패역한 세대여..." 라고 하신다.

말씀을 통해 내가 하나님의 경건의 모양이 있는 자인데 하나님의 능력을 부이했던 모습 하나님의 능력을 거절했던 믿음 없는 모습을 회개한다.

하나님 믿음 없는 자가 되지 말고 믿는 자가 되어 하나님의 능력을 나타내는 자가 되게 하여 주소서.

이제는 하나님의 경건의 능력을 부인하지 않게 하소서 경건의 능력을 거절하지 않게 하소서.

또한 하나님의 원하시는 대로 사용 받는 자가 되게 하소서.

오늘도 하나님의 경건의 능력으로 살게 하소서.

22. 말씀에 순종하여 요단강으로 들어갑니다 (2024.06.03.)

토요일 아침 일어나 골방기도를 드리며 성령님의 음성을 들으려고 하는데 사나운 눈매를 가진 모습이 보이며 나를 계속 혼을 내는 소리를 하는 것이다.

마귀의 방해인 줄 알고 기도를 멈췄다. 그리고서 계속 혼미하고 머리가 묵직하고 뭔가 피곤함이 몰려왔다.

토요일은 영성훈련이 있는 날이라 교회에 모임을 위해 교회로 갔다. 11시 찬양교실 시간 악보를 보며 키보드를 치는데 코드가 잘 안 보인다. 그냥 대수롭지 않게 생각하고 아직 내가 정신이 덜 깼나 보다. 라고만 생각했다.

성막기도를 진행하는 중 성령님이 갑자기 나아만 장군의 이야기를 떠오르게 하시면서 치유 예배를 위한 본문을 이미 정했었는데 갑자기 변경을 하신다.

그래서 나아만 장군의 스토리를 보기 위해 성경을 보는데 말씀이 눈에 들어오지 않고 글이 읽어지지가 않는다. 그래서 치유예배를 드리며 본문을 찾으려 하는데 찾을 수가 없다.

그냥 본문 읽는 것을 포기하고 내가 알고 있는 내용으로 하나님이 원하시는 뜻을 전했다.

이런 방해는 정말 처음 겪는다. 나를 혼미케 하는 가운데 그래도 성령님의 인도함을 받으며 집회를 잘 마쳤다. 그런데 신기하게도 사람들은 오히려 기름부음이 엄청 강했다고 한다. 그렇게 은혜가 임하려고 방해가 심했나 보다.

다음날 아침 제대로 보지 못한 본문이 궁금해서 아침에 기도하는 시간 기도하다가 본문을 다시 찾아보았다.

> "나아만이 노하여 물러가며 이르되 내 생각에는 그가 내게로 나와 서서 그의 하나님 여호와의 이름을 부르고 그의 손을 그 부위 위에 손을 흔들어 나병을 고칠까 하였도다. 다메섹 강 아바나와 바르발은 이스라엘 모든 강물보다. 낫지 아니하냐? 내가 거기서 몸을 씻으면 깨끗하게 되지 아니하랴 하고 몸을 돌려 분노하여 떠나니 그의 종들이 나아와서 말하여 이르되 내 아버지여 선지자가 당신에게 큰일을 행하라 말하였더면 행치 아니하였으리이까? 하물며 당신에게 이르기를 씻어 깨끗하게 하라 함이리이까 하니 나아만이 이에 내려가서 하나님의 사람의 말대로 요단강에 일곱 번 몸을 잠그니 그 살이 어린아이의 살 같이 깨끗하게 되었더라"(왕하 5:11-14).

분명 나아만은 처음 노발대발하며 차라리 다메섹 강 아바나와 바르발에서 씻는게 더 낫겠다고 말을 했다. 나아만의 말처럼 오히려 요단강보다 다메섹 강이 더 훨씬 보기 좋고 더 깨끗한 강이었을 것이다. 사람의 눈으로 바라보면 요단강은 그리 특별한 강이 아니다.

말씀을 전한 내용처럼 요단강이 특별할 수 있었던 것은 선지자가 하라고 했기 때문이다. 나아만 장군의 종들이 말한 내용 "선지자가 명하여 큰일을 행하라 하였더면 행치...." 말씀처럼 요단강이라 나았던 것이 아니라 하나님이 하셨기에 나았던 것이다.

만약 나아만이 화를 낸 것처럼 선지자의 말을 듣지 않고 요단강에 들어가지 않았다면 나아만은 평생 나병자가 되었을 것이다. 하지만 나아만은 마음을 바꾸고 선지자의 말에 순종했다.

그 결과는 "그 살이 여전하여 어린아이의 살 같아서 깨끗하게 되었더라."

말씀을 통해 하나님은 믿는 자의 삶을 어떻게 살아야하는지 알게 하신다. 믿음의 사람은 현실에 보이는 대로 사는 것이 아니다. 오직 하나님의 말씀을 듣고 하나님의 말씀에 순종하는 삶을 사는 것이다.

만약 순종하지 않는다면 내 삶은 어떤 믿음의 역사도 일어나지 않을 것이다.

나아만이 나았던 것처럼 내가 하나님의 말씀을 믿고 그 말씀에 순종하면 하나님은 순종한대로 역사하신다.

나에게도 나아만의 말처럼 차라리 '하나님 요단강 같은 내가 무엇 하겠습니까? 차라리 데이빗 목사가 하면 더 낫죠' 라고 마음속으로 늘 생각했다.

그런데 하나님은 데이빗 목사님을 통해 "내가 너를 쓴다고" 라고 말씀하신다.

"너를 베니힌처럼 쓰리라" 라고 말씀하신다.

나는 받아들이기가 쉽지 않았다.

나 같은 자가 무엇을 하겠는가? 나처럼 나약하고 나처럼 없어 보이는 자가 무엇을 하겠는가? 라는 생각이 지배적이다.

하지만 하나님은 "네가 하는 것이 아니라 내가 한다." 라고 하신다.

나아만 장군이 나병이 나았던 것처럼 내 삶에도 하나님으로 나병 같은 나의 나약함이 치유될 것을 믿는다.

말씀을 통해 내 자신이 다시 일어난다.

이제 하나님의 말씀에 순종하며 요단강에 들어가 일곱번 몸을 씻은 나아만처럼 순종 하겠다. 결단 한다.

하나님! 이제 내 마음이 하나님의 말씀을 듣습니다. 그리고 순종 합니다. 라고 고백해 봅니다.

하나님의 말씀에 순종하며 요단강으로 들어갑니다.

나를 치료하시고 고치소서.

또한 나를 사용하소서.

"네 하나님 여호와를 섬기라. 그리하면 여호와가 너희의 양식과 물에 복을 내리고 너희 중에서 병을 제하리니 네 나라에 낙태하는 자가 없고 임신하지 못하는 자가 없을 것이라. 내가 너의 날 수를 채우리라"(출 23:25-26).

23. 넘치게 하시리라 (2024.06.28.)

"각각 그 마음에 정한 대로 할 것이요 인색함으로나 억지로 하지 말지니 하나님은 즐겨 내는 자를 사랑하시느니라. 하나님이 능히 모든 은혜를 너희에게 넘치게 하시나니 이는 너희로 모든 일에 항상 모든 것이 넉넉하여 모든 착한 일을 넘치게 하게 하려 하심이라"(고후 9:7-8).

하나님은 내가 넉넉해지기를 원하신다.

하나님은 늘 넓은 마음으로 나를 품어주시고 나를 넉넉하게 채우시기를 원하신다.

아직도 내 마음에 넉넉함이 부족한 나의 모습을 보게 되었다. 그 한 가지 증거는 남을 칭찬하는 것이 인색했다. 남편을 칭찬하기 보다는 잘못을 지적하고 자녀들을 칭찬하기 보다는 잘못을 지적하고 함께 협력하여 사역하는 목사님들을 칭찬해드리기 보다는 오히려 잘못을 지적하고 내 마음이 얼마나 속이 좁고 얼마나 용서를 못하는지 그런 나의 모습을 보게 하신다. 하나님의 음성을 들으며 올해로 16년이 되었다.

하나님과 동행하며 하나님의 성품을 배우기 시작했다.

나의 속성이 얼마나 하나님과 다른지 깨달으며 계속 회개하며 나아갔다. 속이 넓은 배우자를 만나게 하시고 속이 넓은 배우자를 통해 베푸는 법을 배웠다. 베풀면 하나님이 꼭 몇 배로 채워주신다.

그렇게 즐거하는 마음으로 베풀 때 하나님은 더 넉넉히 채워주셨다. 이제는 억지가 아니라 즐거하는 마음으로 남을 도울 수 있게 되었다.

물질 부분은 그렇게 베풀 수 있게 되었는데 아직도 부족한 나를 발견한다. 늘 내가 입버릇처럼 말하던 것 중 하나가 "덩치가 작으면 마음이 좁다"고 생각하였다.

나는 키가 작다. 그래서 그런지 속이 좁을 때가 많다.

사람에게 넉넉하지 못하고 속 좁은 소견으로 대할 때가 너무 많다. 그래서 하나님께서 나를 훈련하시나 보다. 행복한교회가 시작된 지 1년이 다 되어간다.

아직 교인이 많지 않다.

왜 채워지지 않을까? 오늘 말씀을 통해 해답을 얻는다.

'내 마음이 넉넉해질 때 하나님께서 채우신다.'가 정답이다.

나의 마음이 모든 분들께 더 넉넉해지기를 오늘도 하나님께 회개하며 간구 한다.

내가 넉넉해질 때 넘치게 하시는 하나님의 은혜가 임할 줄 믿습니다.

하나님 더 인격적으로 다른 사람에 대해 더 넉넉하게 하소서.

한 영혼 한 영혼을 품으며 한 영혼 한 영혼을 사랑하며 인색함이나 억지가 아니라 즐겨 챙겨주는 자가 되게 하소서.

넉넉해져 넘치는 은혜를 체험하게 하소서.

예수님의 이름으로 기도합니다. 아멘.

24. 낮아짐의 은혜 (2024.10.02.)

"아무 일에든지 다툼이나 허영으로 하지 말고 오직 겸손한 마음으로 각각 자기보다 남을 낫게 여기고, 각각 자기 일을 돌볼뿐더러 또한 각각 다른 사람들의 일을 돌보아 나의 기쁨을 충만케 하라. 너희 안에 이 마음을 품으라. 곧 그리스도 예수의 마음이니 그는 근본 하나님의 본체시나 하나님과 동등됨을 취할 것으로 여기지 아니하시고 오히려 자기를 비워 종의 형체를 가지사 사람들과 같이 되셨고 사람의 모양으로 나타나사 자기를 낮추시고 죽기까지 복종하셨으니 곧 십자가에 죽으심이라"(빌 2:3~8).

요즘 매일 아침 성령님께서 저에게 말씀을 주십니다. 얼마 전 기도하던 중 하나님께서 빌립보서 말씀을 제게 주셨습니다. 주님의 낮아짐을 배우라는 메시지와 함께, 그 낮아짐이 저에게 얼마나 큰 은혜인지 깨닫게 되었습니다. 6절과 7절에서는 예수님이 하나님의 본체이시지만, 종의 형체로 오셨음을 이야기합니다.

예수님은 어른으로 태어나신 것이 아니라, 우리와 똑같이 아기의 모습으로 오셨습니다. 사람들이 쉽게 신이라고 알 수 없는 모습으로 이 땅에 오셨고, 우리가 인간으로 느끼고 경험할 수 있는 모든 상황을 고스란히 체험하셨습니다. 만약 제가 예수님의 위치에 있었다면 "나는 하나님의 아들이다."라고 말하며 신의 모습 그대로 나타났을 것 같습니다. 그러나 예수님은 우리와 같은 모습으로 오셨습니다.

그렇기 때문에 이스라엘 사람들은 예수님을 하나님의 아들이라 인정하지 않는 것은 너무도 당연합니다.

그런데 나의 모습은 조금만 능력이 있다고 생각이 들면 능력 자랑하고 뭔가 좀 가지고 있으면 가지고 있는 것을 자랑합니다.

성경을 읽을 때에는 예수님이 기적을 일으키시고 병자들을 치유하신 모습 때문에 성경을 읽으면서 '예수님이시니까 이런 일을 하셨겠지'라는 생각을 많이 했던 것 같습니다. 하지만 예수님은 인간인 우리 같은 모습으로 오셔서 예수님처럼 우리도 할 수 있다는 것을 보여주시기 위해 사람의 모습으로 오셨습니다. 예수님의 낮아짐은 진정한 사랑에서 비롯된 것입니다. 우리를 너무 사랑하시기에 우리와 같은 모습으로 오셨고, 또 우리가 예수님처럼 살 수 있기를 바라며 본을 보여주셨습니다.

만약 예수님이 우리의 모습으로 이 땅에 오지 않았다면 우리는 아직도 한계가 많은 인생을 살아갈 것입니다. 예수님의 낮아짐 때문에 할 수 없었던 내가 할 수 있는 자로 살아가게 되었습니다.

4절에서는 낮아지면 자기 일을 돌아볼 뿐만 아니라 다른 사람의 일도 돌아보게 된다고 말씀하고 있습니다. 예수님의 낮아짐은 나를 알기 위함이었습니다. 그래서 예수님은 나를 너무도 잘 아신 것입니다. 그분처럼 내가 낮아질 때, 내가 다른 사람에 대해 잘 알게 되고 또 다른 사람도 보이게 됩니다. 예수님의 사랑은 낮아짐을 통해 완성된다는 것을 깨닫게 됩니다.

낮아질 때, 제가 느낄 수 있는 것은 불행이 아니라 행복의 시작입니다. 왜냐하면 낮아지면 오히려 올라갈 일만 생기기 때문에 매일 매일의 행복을 누리게 됩니다. 반면에 높아지면 늘 떨어질 일만 생기니, 얼마나 불행하고 불안하며 두려울까요? 그래서 하나님은 저에게 낮아지라고 말씀하십니다.

 낮아지는 자만이 예수님의 마음을 알게 되고, 십자가 지신 예수님의 마음은 불행한 것이 아니라 오히려 다른 사람을 돌아보며 행복을 누리는 삶이라는 것을 알게 됩니다. 예전에 사랑받는 것보다. 사랑하는 것이 더 행복하다는 것을 하나님께서 저에게 가르쳐 주셨습니다.

 오늘도 빌립보서 말씀을 통해 낮아짐이 얼마나 깊은 은혜이고 행복인지 다시 한 번 깨닫게 됩니다.

 진정한 사랑의 표현은 상대편과 같은 입장이 되는 것임을 깨닫게 됩니다.

 이 귀하고 소중한 말씀을 통해, 제가 낮아지지 못하고 높아져 이기적인 모습을 회개합니다. 더 낮아져서 낮아짐의 깊은 은혜를 깨닫게 하시고, 낮아져 다른 사람들을 돌아보는 자가 되게 하소서.

 예수님처럼 다른 영혼들을 내 몸처럼 사랑하는 자가 되게 하소서.

 예수님의 이름으로 기도합니다. 아멘.

25. 무엇이 죽는 것인가요? (2025.01.21.)

오늘 올린 영상의 댓글 중에 한 분이 질문을 남기셨습니다. "교회에서는 죽어야 한다고 하고, 인내해야 한다고 하는데, 무엇이 죽는 것인가요?"라는 내용이었습니다.

이 질문을 읽으며 성령님께 어떻게 대답해야 할지 묻고, 다음과 같이 대답을 드렸습니다.

그리스도인의 죽음은 예수로 사는 것이 곧 죽는 것입니다.

이 대답을 드리면서 "죽는 것"에 대해 저 스스로도 더욱 확실하게 알게 되었습니다.

갈라디아서 2장 20절은 이렇게 말씀합니다.

"내가 그리스도와 함께 십자가에 못 박혔나니 그런즉 이제는 내가 사는 것이 아니요 오직 내 안에 그리스도께서 사시는 것이라. 이제 내가 육체 가운데 사는 것은 나를 사랑하사 나를 위하여 자기 몸을 버리신 하나님의 아들을 믿는 믿음 안에서 사는 것이라."

"그리스도 예수의 사람들은 육체와 함께 그 정욕과 탐심을 십자가에 못 박았느니라"(갈 5:24).

크리스천의 "죽음"은 주님과 함께 십자가에서 정욕과 탐심이 죽는 것을 의미합니다.

이는 나의 생각과 마음으로 사는 것이 아니라 주님의 마음과 생각으로 살아가는 삶을 뜻합니다.

십자가의 죽음은 희생을 상징합니다. 나 자신의 이익을 위해 사는 것이 아니라, 주님을 위해, 주님이 사랑하시는 영혼들과 주님께서 말씀하신 내 이웃들을 위해 희생하며 사랑하는 것이 바로 주님과 함께 십자가에 죽는 삶입니다.

"이제 내가 산 것이 아니요"라는 말씀처럼, 나의 의지나 생각, 고집, 편협한 관점을 모두 주님 앞에 내려놓아야 합니다.

나를 내려놓고 예수님을 중심에 모시고 주님의 마음과 생각으로 살아갈 때, "내 안에 그리스도께서 사신 것이라"는 말씀이 이루어집니다.

그리스도의 마음으로 살게 되면 누구도 미워하지 않게 됩니다. 그리스도의 마음으로 살게 되면 문제가 더 이상 문제가 되지 않습니다. 그리고 그리스도의 마음으로 살게 되면 어떤 상황에서도 불편함을 느끼지 않게 됩니다.

그렇기 때문에 그리스도의 마음으로 살아갈 때, 내 안에 진정한 행복이 임하며, 천국을 살아가는 삶이 이루어집니다.

오늘도 나는 죽고, 예수로 사는 하루가 되며 천국을 누리는 삶이 되기를 소원합니다.

예수님의 이름으로 기도합니다. 아멘.

26. 새 사람을 입으라 (2025.01.25.)

아침에 잠에서 깨어나며, 제 안에 여전히 변화되지 않은 모습들이 떠올라 하나님 앞에 부끄럽고 회개의 마음이 들었습니다.

하나님의 일을 더 잘 감당하려면 변화되어야 할 텐데, 아직도 제 안에 죽지 못하고 남아 있는 옛 모습들이 많아 하나님께 죄송한 마음이 들었습니다.

그러면서 하나님 앞에서 새로워지기로 결단하며 응답기도회를 인도하게 되었습니다.

기도회를 통해 훈련을 인도하는 중에, 성령님께서 말씀을 풀어주시는 은혜를 경험하게 되었습니다.

그때 "새 사람을 입으라."는 말씀이 제 마음에 다가 왔습니다.

"하나님을 따라 의와 진리의 거룩함으로 지으심을 받은 새 사람을 입으라"(엡 4:24).

여기서 말하는 '새 사람'의 '새'는 헬라어로 '카이노스(καινός)'인데, 이는 단순히 완전히 다른 사람이 되는 것이 아니라, 하나님 안에서 새롭게 변화되는 것을 의미합니다.

> "그런즉 누구든지 그리스도 안에 있으면 새로운 피조물이라. 이전 것은 지나갔으니 보라 새 것이 되었도다"(고후 5:17).

제가 하나님 안에서 새롭게 변화되지 않으면 하나님의 것을 온전히 담을 수 없습니다.

> "새 포도주를 낡은 가죽 부대에 넣지 아니하나니 그렇게 하면 부대가 터져 포도주도 쏟아지고 부대도 버리게 됨이라. 새 포도주는 새 부대에 넣어야 둘이 다 보전되느니라"(마 9:17).

이 말씀처럼 새 포도주는 새 부대에 담아야 보전될 수 있습니다. 그런데 제가 예수 안에서 새로워지지 않은 채로 하나님의 은혜와 능력을 받으면, 그것을 잘못된 방식으로 사용하게 될 위험이 크다는 것을 깨달았습니다. 마치 중학생에게 큰 재산을 맡겨 흥청망청 써버리게 하는 것처럼, 제가 변화되지 않은 상태에서 하나님의 능력을 받으면 오히려 그것이 저를 망가뜨릴 수 있다는 것입니다.

그래서 하나님께서는 먼서 서에에 '새 사람을 입으라'고 하십니다.

능력을 받는 것보다. 중요한 것은, 제가 말씀과 기도, 찬양으로 하나님 안에서 먼저 새롭게 변화되는 것입니다.

오늘, 새 포도주와 새 부대에 대한 말씀이 하나님께서 "새 사람을 입으라." 는 말을 통해 뜻을 분명히 깨닫게 해주셨습니다.

이전의 나의 옛사람의 모습은 지나가고, 오늘도 주님 안에서 새로워지기를 간절히 기도합니다.

하나님, 제 안에 남아 있는 옛 것을 버리고, 늘 새로운 마음과 뜻으로 살아가게 하소서.

제가 주님의 새 부대가 되어 하나님의 아름다운 새 포도주를 담는 자가 되길 간절히 소원합니다.

예수님의 이름으로 기도합니다. 아멘.

27. 구분하는 것이 판단이다 (2025.03.12.)

새벽 아침 꿈을 꾸고 잠에서 깼다.

꿈에 나를 힘들게 하고 나를 위협하려고 하는 남자분이 우리 교회에 들어오려고 하니 내가 그 사람을 저지하고 그 분의 차 키를 주면서 다시는 오지 말라고 보냈다. 그 남자 분이 다시는 못 오도록 내가 교회 전체에 그물 같은 것으로 막아 놓았다.

그런데 저희 교인 한 분이 담임목사인 내게 허락을 받지 않고 그 그물을 다 치우고 있었다. 그 모습을 본 나는 교인 분에게 "왜 내 허락도 없이 그물을 다. 치우세요!" 라고 하며 핀잔을 주는 꿈이었다.

꿈이 너무 생생해서 성령님께 여쭸다.

성령님 왜 이런 꿈을 꿨나요?

성령님이 말씀하신다.

"네가 사람을 구분하는 모습이다. 사람을 가리고 구분하는 것이 곧 판단이다."라고 하신다.

그 말씀을 들으며 내 안에 성령님의 말씀대로 사람을 구분하는 마음이 없었음을 깨닫게 되었다.

그리고 예수님이 나에게 말씀하신다.

"네가 쫓아낸 그 사람이 바로 나다. 네가 나를 문전박대했다."고 말씀하신다.

나는 자리에 누워 그대로 굳어버렸다.

나의 죄가 얼마나 크고 얼마나 무서운 죄인지 내가 주님 앞에 너무 부끄럽기만 했다.

판단은 구분하는 것이다. 라고 원어를 통해 설교했던 나인데 내 안에 아직도 그 판단이 남아 있는 모습이

너무도 마음이 아팠다.

사람을 구분하며 내가 원하는 사람만 내가 좋아하는 사람만 함께하길 원했던 나의 마음이 예수님을 문전박대한 것이다.

예수님의 말씀을 들으며 그냥 누워 있을 수 없었다.

나는 자리에 일어나 책상 자리에 앉아 이 시간 울고 있다.

회개의 눈물이 하염없이 흐른다.

"주님 내가 잘 못했어요! 내가 주님을 문전박대 했네요! 내가 주님을 교회에서 쫓아냈네요!

주님 나는 그렇게 어리석고 못 된 사람입니다.

주님 내 마음에 주님을 밀어내고 쫓아냈던 거 용서해주세요.

나는 주님의 마음을 갖지 못한 자입니다.

주님 나에게 주님의 마음을 부어주옵소서."

내 마음에 아직도 사람을 구분하며 아직도 사람에 대해 판단하는 나의 마음을 이 아침에 회개하며 이 글을 씁니다.

가끔 하나님은 나를 변화시키기 위해 꿈으로 나의 죄악들을 보게 하신다.

그러면 나는 그 자리에 바로 엎드려 회개하게 하셨다.

오늘도 나를 새롭게 하실 하나님께서 나를 변화시키기 위해 꾸게 하신 꿈이다.

하나님 나를 새롭게 하소서. 오늘도 나를 변화 시켜주시고 주님의 마음으로 한 영혼 한 영혼 돌아보게 하소서.

사람을 가렸던 것 회개 합니다. 내가 판단하는 자였음을 회개 합니다. 용서하여 주옵소서.

저는 주님의 마음처럼 모든 사람을 품을 수 없는 자입니다.

주님이 아니면 나는 할 수 없으니 주님 도와주옵소서.

예수님의 이름으로 기도합니다. 아멘

"너희는 육체를 따라 판단하나 나는 아무도 판단하지 아니하노라"(요 8:15).

주:〈판단하다〉

G2919 κρίνω 크리노 krino-

분리하다. 판단하다. 결정하다.

(a) '분리하다. 분할하다. 구별하다. 절단하다.'

(b) '고르다. 골라내다. 선택하다. 평가하다.'

오늘에야 원어의 진정한 뜻을 깨닫게 되었다.

제3부
성령의 불로 치유한 간증들

1. 미국인에게 불을 전하던 날

이 일은 내가 캘리포니아로 이사한 후, 직장을 찾고 세탁소에서 일하던 어느 여름날에 일어난 일이었습니다. 아마도 2008년 7월쯤이었던 것으로 기억됩니다.

그날도 평소처럼 카운터에 서서 손님을 맞이하고 있었습니다. 그런데 문이 열리며 한 미국 여성이 휠체어를 타고 들어왔습니다. 그녀가 들어오는 순간, 제 마음은 이상하게 뭉클해졌습니다. 설명할 수 없는 안타까움이 밀려왔고, 동시에 제 손끝이 따끔하게 저려오기 시작했습니다.

저는 알고 있었습니다. 이것은 단순한 감각이 아니라 성령님께서 주시는 신호였습니다. 늘 안수가 필요한 사람이 제 곁에 있을 때면 손이 저려오곤 했습니다.
그것은 '기도하라', '손을 얹으라.'는 주님의 부르심이었습니다.

조심스럽게 그녀에게 다가가 말을 건넸습니다.
기독교인이세요?
그녀는 고개를 끄덕이며 부드럽게 대답했습니다.
네, 그래요.

저는 다시 조심스럽게 물었습니다.

다리는 왜 다치게 되셨나요?

그녀는 조용히 자신의 이야기를 들려주었습니다.

사고로 부러졌어요. 그런데 뼈가 부러지면서 주변 조직들을 찔렀고, 그 때문에 무릎 밑 부분이 죽어버렸어요. 그래서 지금처럼 검게 변했고 휠체어를 타게 됐어요.

그녀의 말 속에는 체념과 슬픔이 묻어 있었습니다. 더 이상 주저할 수 없었습니다.

하나님께서 제게 치유의 은사를 주셨습니다. 그래서 기도를 해드리고 싶은데 괜찮으실까요?

그녀는 전혀 망설임 없이 밝게 대답했습니다.

네, 좋아요.

저는 조심스럽게 그녀의 다리에 손을 얹었습니다. 순간, 저의 손에는 통증과 저림이 느껴졌습니다. 평소 불을 전할 때와 같은 증상이었습니다. 성령의 불이 흐르고 있다는 것을 저는 분명히 느낄 수 있었습니다.

기도하는 동안 제 손끝을 타고 흐르는 강한 전류 같은 성령의 역사, 그리고 그 다리를 향해 흘러가는 뜨거운 기운… 모든 것이 하나님께서 역사하시는 증거였습니다.

한참 기도한 후, 일하는 중이라 더 이상 오래 머물 수 없어 조심스럽게 손을 떼고 그녀에게 물었습니다.

혹시 어떤 느낌이 있으셨나요?

그녀는 눈빛에 빛을 담고 말했습니다.

다리에서부터 가슴으로 뭔가 따뜻하고 부드러운 느낌이 퍼졌어요. 그리고 가슴이 너무 평안해졌어요.

그녀의 대답을 듣고 제 가슴도 뭉클해졌습니다. 그런데 그다음 그녀가 말한 한마디는 정말 놀라웠습니다.

사실, 제 다리는 아무도 손을 댈 수 없어요. 살짝만 스쳐도 칼로 베는 것처럼 아파서요. 그런데 당신의 손이 닿았을 땐 하나도 아프지 않았어요. 전혀요.

그 말을 듣는 순간, 전율이 일었습니다. 하나님께서 이 여인의 육체와 영혼을 동시에 어루만지고 계셨다는 것을 확실히 느낄 수 있었습니다.

저는 그녀에게 다시 한 번 찾아가 더 기도해드리고 싶다고 말씀드렸고, 그녀 역시 흔쾌히 약속해주었습니다.

그날 저는 또 한 번 확실히 깨달았습니다. 나처럼 보잘것없는 사람일지라도 하나님께서 사용하시고자 하시면 얼마든지 영광의 도구가 될 수 있다는 것을요.

성령님의 놀라운 역사 앞에, 저는 가슴 깊이 하나님께 감사드렸습니다. 모든 영광을 주님께 올려드립니다.

"그가 찔림은 우리의 허물 때문이요 그가 상함은 우리의 죄악 때문이라. 그가 징계를 받으므로 우리는 평화를 누리고 그가 채찍에 맞으므로 우리는 나음을 받았도다"(사 53:5).

2. 기도원에서 잃어버린 능력을 회복하게 하시다

오렌지 카운티로 이사 온 후 얼마 지나지 않아, 우리 부부는 새로운 지역에서의 사역을 시작하게 되었습니다. 그때쯤이었습니다. 친하게 지내던 기도원의 한 목사님께 전화가 걸려왔습니다.

'어떤 여자 집사님이 마귀의 공격으로 심각하게 괴로워하고 있어요. 혹시 한번 기도해 주실 수 있을까요?'

우리 부부는 아무 망설임 없이 기도원으로 향하겠다고 약속했고, 곧바로 그 집사님을 만나러 갔습니다.

기도원에 도착하자, 그 집사님은 영적으로 많이 눌려 있는 듯 보였습니다. 마음의 평안은커녕, 얼굴에는 고통과 혼란이 그대로 묻어나 있었습니다. 우리는 조용히 서로를 바라보며 마음을 모았습니다. 남편은 그 집사님의 머리에 손을 얹었고, 나는 그녀의 가슴 위에 손을 얹었습니다. 그리고 함께 성령의 불을 전하기 시작했습니다.

그 순간, 제 머리에서 통증이 시작되었습니다. 머리가 조여 오고, 묵직하게 아파왔습니다. 하지만 곧 그 통증은 사라졌고, 대신 손끝에 강한 저림이 찾아왔습니다. 이것은 늘 성령의 불이 임할 때 나타나는 증상이었습니다. 제 손을 통해 불이 흘러가고 있다는 것을 느낄 수 있었습니다.

남편은 그 순간 성령님께로부터 직접 음성을 듣고 그 집사님에게 전했습니다. 집사님은 남편의 입을 통해 들려오는 그 말씀을 듣는 순간, 조용히 눈물을 흘리기 시작했습니다. 마치 마음의 억눌린 고통이 해방되기 시작한 듯한 눈물이었습니다.

그리고 우리는 손끝의 증상이 사라짐을 느끼고 손을 거두었습니다. 집사님께 조심스럽게 물었습니다.

어떠세요?

그 집사님은 말없이 고개를 끄덕이며 조용히 말씀하셨습니다.

마음이 참 편안해졌어요.

그제야 우리도 확신할 수 있었습니다. 성령님의 치유가 분명히 임했다는 것을요.

우리는 집사님께 우리 교회로 오셔서 계속 치유받고 회복되시길 권면하였고, 집사님은 망설임 없이 네, 그러겠습니다라고 대답하셨습니다. 그리고 약속대로 그 다음 주일부터 저희 교회에 출석하기 시작했습니다.

집에 돌아온 후, 우리는 오늘의 증상들에 대해 다시 한 번 성령님께 여쭈었습니다. 남편은 이렇게 말씀을 전해주었습니다.

머리가 아팠던 건, 그 안에 있던 악한 영이 빠져나가는 과정이었고, 손끝의 저림은 치유가 진행되는 증상이었어.

그리고 그 후로 한 달 동안, 우리는 그 집사님과 매일 전화통화로 계속 기도하며 치유사역을 이어갔습니다. 놀랍게도 그 집사님은 점차 하나님의 능력을 다시 회복하기 시작했습니다.

사실 그분은 5년 전, 성령의 놀라운 능력을 경험했던 분이었습니다. 그러나 자신의 교만으로 인해 그 은혜를 잃었고, 오랜 시간 영적으로 침체되어 있던 분이었습니다. 그런데 이제 다시 회복되기 시작한 것입니다.

그 집사님은 원래 중보기도의 사명을 받은 분이었습니다. 우리가 성령님의 음성을 듣는 방법을 차근차근 알려드리자, 그분은 기도 중에 다시금 음성을 듣기 시작했고, 성령님의 감동을 따라 중보기도의 내용을 받아 적고, 기도하기 시작했습니다. 그리고 어느 날부터는 음성을 통해 예언까지 하기 시작했습니다.

더 놀라운 변화는 가정 안에서도 일어났습니다.

그 집사님은 남편과 각 방을 쓴 지 무려 15년이 넘은 분이었습니다. 심지어 남편이 곁에 오기만 해도 소름이 끼친다고 고백할 정도였습니다. 그러나 어느 날부터 그녀의 마음에 변화가 찾아왔습니다. 남편이 불쌍하게 느껴지기 시작했고, 그와 함께 같은 방을 쓰고 싶은 소망이 생겼다고 합니다.

그러던 어느 날, 그녀는 남편의 손을 꼭 잡고 이렇게 말했습니다.

여보, 나도 당신과 함께 잠을 자고 싶어요. 우리 같이 노력해 봐요.

그 말을 전해들은 우리는 감격스러움에 말문이 막혔습니다. 이것이야말로 진정한 성령님의 역사임을 확신할 수 있었습니다.

우리는 그분을 통해 하나님의 회복의 능력을 생생히 목격했고, 우리의 사역이 얼마나 귀한 사명인지를 다시 한 번 깨닫게 되었습니다. 그리고 그분은 우리 부부가 낳은 첫 번째 '영적 자녀'가 되었습니다.

하나님께서 우리를 사용하셔서 한 영혼을 회복시키시고, 가정을 변화시키시는 그 은혜 앞에 우리는 그저 감사하고 또 감사할 뿐이었습니다.

"너희 중에 병든 자가 있느냐? 그는 교회의 장로들을 청할 것이요 그들은 주의 이름으로 기름을 바르며 그를 위하여 기도할지니라. 믿음의 기도는 병든 자를 구원하리니 주께서 그를 일으키시리라. 혹시 죄를 범하였을지라도 사하심을 받으리라"(약 5:14-15).

3. 권사님의 회개의 눈물

캘리포니아로 이사 온 후, 새로운 환경에서 직장을 구하고 정착해가던 어느 날, 세탁소에서 권사님 한 분을 만나게 되었습니다. 그 권사님은 미국에 이민 온 지 3년 정도 되셨고, 큰아들은 샌디에이고에서 목회를 하고 있다고 하셨습니다. 처음부터 우리 부부의 사역에 관심을 보이셨고, 은혜 받고 싶다는 간절한 마음도 표현하셨습니다.

그런 마음이 감사하여, 우리는 자연스럽게 권사님을 집으로 초대하게 되었습니다. 함께 식사를 나누고, 영적인 이야기를 나누고, 기도도 함께 드리는 귀한 시간을 가졌습니다.

하지만 만남이 반복될수록 권사님의 말에는 항상 자랑이 묻어나기 시작했습니다.
우리 시댁이 다 나 때문에 구원받았지요.
아들들이 이렇게 잘 된 것도 내 기도 덕분이에요.
나는 예전부터 하나님과 깊은 교제가 있었어요.

그 모든 고백들이 은혜로 들리기보다는, 점점 자기 과시로 들려오기 시작했습니다. 물론, 자신의 간증을 나누는 것이 잘못은 아닙니다. 하지만 문제는 그 중심이 하나님이 아니라 '자기 자신'에게 맞춰져 있다는 것이었습니다. 은혜는 나를 드러내는 도구가 아니라, 하나님을 높이는 고백이어야 하니까요.

그러던 어느 날, 권사님이 다시 집을 방문하셨습니다. 그리고 그날도 어김없이 본인의 자랑을 시작하셨습니다. 그 순간 남편과 저는 동시에 머리가 아파오기 시작했습니다. 무언가 영적으로 눌리는 느낌이었습니다. 그래서 우리는 조용히 성령님께 여쭈었습니다. 그러자 성령님께서 분명히 말씀하셨습니다.

"세상 자랑을 하기 때문이니라."

그 말씀을 듣는 순간, 제 마음에 담대한 용기가 생겼습니다. 저는 권사님의 말씀을 조심스럽게 멈추고 말했습니다.

권사님… 지금 성령님께서는 권사님의 말씀을 너무 슬퍼하시고 싫어하십니다. 이 자랑은 하나님께 영광이 되는 것이 아니라, 오히려 권사님 자신을 높이려는 말입니다.

그 말을 듣는 순간, 권사님은 갑자기 제 앞에 무릎을 꿇으셨습니다. 그리고 눈물을 흘리며 흐느끼기 시작하셨습니다.

사모님, 죄송해요… 저도 제가 자꾸 자랑하는 걸 아는데, 고쳐야지 하면서 또 이렇게 말해버렸네요…
정말 죄송해요… 흐흐흑…

그 회개의 눈물은 단순한 감정이 아니었습니다. 성령님께서 권사님의 마음 깊숙한 곳을 만지고 계신 것을 분명히 느낄 수 있었습니다.

권사님은 방언으로 기도할 수는 있었지만, 그동안은 무슨 말인지 모르겠어서 방언기도를 꺼려하던 분이셨습니다. 그래서 저는 권사님께 말했습니다.

권사님, 방언으로 기도하세요. 성령님께서 도와주실 거예요. 권사님은 순종하셨습니다. 함께 방언으로 기도하기 시작했고, 저는 옆에서 함께 중보하며 도왔습니다. 권사님의 입술에서 흘러나오는 방언과 함께 눈물은 계속 흘러내렸고, 회개의 기도는 깊어졌습니다. 기도가 끝났을 때, 권사님은 제 손을 꼭 붙잡으며 말했습니다.

정말 감사합니다. 너무 감사합니다.
그리고 그 이후로 권사님은 저희 집 기도실에 매일 아침 찾아와 기도를 드리기 시작하셨습니다.

그 사건을 통해 저는 다시 한 번 성령님의 역사하심을 깊이 체험했습니다. 누군가의 죄를 지적할 때, 그 목적이 '정죄'가 아니라 '사랑'일 때, 성령님은 역사하십니다. 제가 권사님께 회개를 외친 것도 사랑에서 비롯된 것이었습니다. 그 사랑은 곧 예수님의 사랑이며, 세례 요한이 외쳤던 그 사랑의 음성은 "회개하라! 천국이 가까이 왔느니라." 바로 그것이었습니다.

그날, 우리는 다시금 회개를 통한 영적인 변화의 힘을 경험했습니다.

그것은 누군가를 책망한 날이 아니라, 누군가가 하나님 앞에서 무너지고 다시 일어선 날이었습니다. 하나님의 은혜 앞에 모두가 고개 숙이게 된 하루였습니다.

"나는 너희를 치료하는 여호와임이라"(출 15:26).

4. 큰 집회에서 일어난 일

지난 월요일, 남편으로부터 매우 놀라운 환상 하나를 듣게 되었습니다. 그것은 참으로 황당하면서도 기쁨이 넘치는 이야기였습니다.

당신이 집회에 나가 안수를 받는 순간, 몸의 살이 완전히 빠져서 바지를 손으로 움켜잡고 서 있더라고…

남편의 이 말을 듣는 순간, 내 마음은 설명할 수 없는 기쁨으로 가득 찼습니다. 상상만 해도 너무나 감격스러웠고, 심장이 두근거렸습니다. 그렇게 일주일 내내 나는 이 환상이 실제로 이루어지길 바라는 간절한 마음으로 성령님께 기도했습니다.

정말 그런 일이 일어날 수 있습니까?
그때 성령님은 내게 조용히 물으셨습니다.

"내가 누구냐?"
나는 고백했습니다.

주님은 우주를 창조하신 분이시며, 없는 것도 있게 하시고 죽은 자도 살리시는 하나님이십니다!

그 고백이 입술을 떠나갈 때, 내 안에 믿음의 확신이 더욱 견고해졌습니다.

토요일 아침, 남편이 성령님께 다시 여쭈었을 때, 성령님께서는 단 한 마디만 말씀하셨다고 합니다.

"믿음을 보여라."

그 말씀은 내게도 큰 울림이 되었습니다. 바다 위를 걸었던 베드로가 떠올랐고, 내 믿음은 그 어느 때보다 굳세졌습니다.

그리고 드디어 주일이 되었습니다. 오늘은 바로 치유 사역이 있는 집회 날. 나는 마음 깊은 곳에서부터 기대하며 예배를 드렸습니다. 이전보다도 더욱 뜨거운 기운이 내 몸에 감돌았습니다.

예배가 끝난 후, 우리는 집회 장소로 향했습니다. 그러나 남편이 길을 잘못 들어 시간이 많이 지체되었습니다. 집회 시작 한 시간 전에서야 도착했지만, 남편은 마음속으로 확신했다고 합니다.

오늘은 반드시 1층에 앉게 될 거야.

이전에 같은 장소에서 두 차례 참석했을 땐 항상 2층으로 올라가야만 했기에 걱정도 되었지만, 오늘은 이상하게도 안내원이 우리를 자연스럽게 1층으로 안내해 주었습니다. 할렐루야! 이것이 바로 하나님의 예비하심이었습니다.

빈자리가 거의 없는 상황이었지만, 누군가가 우리에게 손짓을 해 두

자리를 안내해 주었습니다. 게다가 함께 간 선교사님 자리도 바로 앞쪽에 있었습니다. 무대와 가까운 최고의 자리였습니다.

집회가 시작되자 나는 남편이 말해 준 그 환상을 마음속에 되새기며 눈을 감고 집중하기 시작했습니다. 그런데 웬일인지 말씀은 전혀 귀에 들어오지 않았고, 머리만 계속 아팠습니다. 그래서 나는 치유 시간만을 기다리며 찬양에 온 마음을 쏟았습니다.

그러던 중, 찬양이 시작되고 몇 곡이 지나자, 갑자기 내 배에서부터 진동이 일기 시작했습니다. 그 떨림은 다리로, 팔로, 머리로 퍼져나가며 온몸이 격하게 떨리기 시작했습니다. 마치 전기 마사지 기계를 붙잡고 있는 것처럼 떨림이 심했습니다. 남편 말에 의하면, 나는 마치 격렬한 춤을 추는 것처럼 보였다고 합니다.

남편은 놀라서 내 몸이 혹시 다치지 않을까 염려하며 나를 붙잡았고, 그 순간에도 계속 기도하고 있었다고 합니다. 그때 성령님께서 남편에게 말씀하셨답니다.

"네 아내에게 안수하라."

하지만 남편은 사람들의 시선을 의식해 잠시 망설였고, 다시금 성령님은 단호히 말씀하셨다고 합니다.

"안수하라."

남편은 마침내 용기를 내어 내 머리에 손을 얹고 안수를 해주었습니다. 그러자 내 떨림은 더욱 격렬해졌고, 남편은 손을 얹고 있기가 어려워져 다시 성령님께 여쭈었더니, 이번에는 이렇게 말씀하셨답니다.

"네 아내를 부축하라."

그렇게 남편은 나를 계속 부축했습니다.
나는 무언가에 이끌리듯 무대 옆으로 향했고, 계속 떨리는 몸을 이끌고 그 자리에 서 있었습니다. 스탭들이 달려와서 내 모습을 보고 "성령님의 역사입니다!"라고 말했지만, 치유 받은 사람 위주로 무대에 올라가게 되어 나는 결국 무대 위에 오르지는 못했습니다.
하지만 집으로 돌아오는 길에, 나는 남편에게 오늘의 역사에 대해 물었고, 남편은 놀라운 말을 전해주었습니다.

성령님께서 이렇게 말씀하셨어.
"이미 기름 부음은 임했다. 무엇이 더 필요하냐?"

그 말을 듣는 순간, 내 눈에는 눈물이 고였습니다. 하나님의 손이, 하나님의 기름부음이 내게 임한 것이었습니다. 사람의 손이 아니라, 성령님이 친히 나를 만져주신 것입니다.

그리고 그날 이후, 나는 확연한 변화를 체험하게 되었습니다.
성령의 불은 더 강력해졌고, 불을 전하는 시간이 훨씬 길어졌으며, 성령님의 음성은 더욱 선명하고 구체적으로 들리기 시작했습니다. 믿음의 세계가 내 안에서 더욱 넓어졌습니다.
나는 이제 알 수 있었습니다.

믿음은 천국의 열쇠이며, 하나님의 손이 역사하시는 통로라는 것. 할렐루야! 모든 영광을 하나님께 돌립니다.

"내 영혼아 여호와를 송축하며 그의 모든 은택을 잊지 말지어다. 그가 네 모든 죄악을 사하시며 네 모든 병을 고치시며"(시 103:2-3).

5. 불면증 권사님을 치유하다

캘리포니아 버뱅크에 새롭게 터전을 마련하고, 본격적으로 사역을 준비하던 어느 날이었습니다. 우리가 훈련시켰던 한 목사님을 통해 한 권사님과 연결이 되었습니다. 그 권사님은 캐나다에 거주하고 계셨습니다.

권사님에게는 오랜 세월을 고통 속에 살아온 안타까운 문제가 있었습니다. 바로 불면증이었습니다. 단순히 잠이 들기 어려운 수준이 아니라, 평생 하루에 고작 1~2시간밖에 잠을 자지 못하셨다고 했습니다.

아이들을 학교에 데려다주고 돌아온 후, 권사님과의 전화통화가 시작되었습니다. 하지만 저희 집은 작은 원룸 구조였기에 자유롭게 통화할 공간이 없어 저는 차 안으로 들어가 통화하며 기도하기로 했습니다.

권사님의 상태는 생각보다 훨씬 심각했습니다. 목소리에서조차 피곤함과 지친 기색이 묻어났고, 삶의 활기를 완전히 잃은 듯했습니다. 그분의 소망은 단 하나, 잠 좀 제대로 자고 싶다는 것이었습니다. 후에 권사님의 얼굴을 사진으로 보았을 때, 눈 주위가 검푸르게 번져 있었고, 그 오랜 고통의 흔적이 고스란히 드러나 있었습니다.

저는 권사님과 함께 방언으로 기도를 시작했습니다. 처음엔 힘없는 기도가 흘러나오다가, 점점 방언이 힘차지고, 기도의 흐름이 강해지기 시작했습니다. 성령님의 임재가 전화선 너머로도 강하게 느껴졌습니다.

며칠간 지속적으로 기도하며 권사님을 중보했을 때, 드디어 놀라운 일이 일어났습니다. 어느 날, 권사님께서 흥분된 목소리로 전화를 걸어오셨습니다.

사모님! 저 어젯밤에 정말 푹 잤어요! 진짜 오랜만에, 너무 깊고 편안하게 잠을 잤어요!

그 기쁨은 목소리 가득히 넘쳐흘렀습니다. 그러나 그보다 더 감격해한 이는 바로 남편 되시는 장로님이셨습니다. 아내가 평생 잠 못 이루는 모습을 곁에서 지켜봐야 했던 장로님은, 눈에 띄게 밝아진 아내의 모습에 감격의 눈물을 흘리셨습니다.

사모님, 제 아내가 잠을 잘 수 있게 되다니요
이것만으로도 하나님께 얼마나 감사한지 모릅니다.
그 감격은 우리 모두의 기쁨이었습니다.
그리고 두 달 후, 권사님은 비행기를 타고 캐나다에서 미국 콜로라도까지 직접 저희를 찾아오셨습니다. 저희 집에서 2주 동안 머무시는 동안, 남편과 제가 매일 안수 기도를 해드렸습니다. 기도 가운데 권사님의 몸과 마음은 놀랍게 회복되어 갔습니다.

무기력하고 삶에 의욕 없던 모습은 온데간데없고, 얼굴에는 생기가 돌기 시작했고, 방언도 점점 더 강력해졌으며, 영적인 흐름도 이전과는 비교할 수 없이 좋아졌습니다.

이곳에서 정말 다시 살아나는 것 같아요.

권사님은 그렇게 말씀하셨고, 밝은 웃음을 되찾은 채 캐나다로 돌아가셨습니다. 하나님께서 주신 회복의 은혜는 권사님 가정 전체에 생명의 기운을 불어넣어 주셨습니다.

이 일을 통해 우리는 또 한 번 깨달았습니다.

성령의 기름부음은 전화선으로도 넘나들 수 있다. 치유는 오직 성령님께서 하실 일이며, 진정한 회복은 기도의 자리에서 시작된다.

할렐루야!
모든 영광을 하나님께 돌립니다.

6. 어떤 목사님을 내적치유하다

　의터를 시작하면서 첫 번째로 맡은 것은 내적치유반이었습니다. 매주 깊은 치유와 회복을 바라며 반원들과 함께 시간을 보내는 가운데, 어느 날 순서가 되어 한 목사님께서 자신의 고백을 나누게 되었습니다.

　고백의 시간이 시작되자, 자연스럽게 반원들과 함께 목사님을 위해 중보 기도를 하게 되었습니다. 그런데 그 순간, 내 안에 성령님의 깊은 감동이 밀려오기 시작했습니다. 목사님의 영혼이 숨을 쉬지 못하고 있다는 것을 알게 된 것입니다. 마치 목사님의 가슴이 뭔가에 눌려 답답하게 조여 오는 듯한 느낌이었습니다. 그것은 단순한 감정이 아니라, 분명히 성령님께서 알려주시는 영적인 상태였습니다.

　내적치유 시간이 끝난 후, 나는 조심스럽게 목사님께 따로 말씀드렸습니다.
　'목사님, 개인적으로 더 깊은 치유가 필요하신 것 같아요.'
　목사님도 그 말을 받아들이셨고, 우리는 따로 다시 만나기로 약속을 잡았습니다.

　만남을 준비하며 나는 성령님 앞에 나아가 기도했습니다.

성령님, 이 목사님에 대해 무엇을 알아야 할까요? 어떤 말씀을 드려야 할까요?

그런데 성령님은 단순하고 명확하게 말씀하셨습니다.

"그냥 기도만 하라."

사실 나는 마음속으로 이런 생각이 들었습니다. '답답한 상황인데, 이 부분은 이렇게 말씀드려야 하는 것 아닐까? 이건 알려드려야 하지 않을까?' 자꾸 무언가 가르치고 싶은 마음, 정리해 주고 싶은 생각이 올라왔습니다.

그러나 성령님의 뜻은 분명했습니다.

"가르치지 마라. 기도만 하라."

그 말씀에 순종하여 목사님과 전화 통화를 시작했습니다. 우리가 함께 기도하기 시작하자, 어느 순간 내 눈에서는 눈물이 흐르기 시작했습니다. 그리고 기도 중에 성령님은 나에게 목사님의 영혼의 모습을 보여주셨습니다. 그것은 마치 아기처럼 투정부리고 있는 영혼이었습니다. 목사님은 겉으로는 담담해 보였지만, 영혼 깊은 곳에서는 '몰라 몰라, 나보고 어떡하라고~~' 하고 울고 있는 것이 느껴졌습니다. 그 영혼의 속마음이 내 입술을 통해 흘러나왔습니다.

'하나님, 저 어떡하라고요~~ 몰라요… 진짜 모르겠어요!'

내가 그렇게 중보하면서 목사님의 내면의 소리를 대신 말해주는 순간, 목사님은 웃으며 말씀하셨습니다.

사모님, 그게 딱 요즘 제 기도예요. 제가 매일 그렇게 하나님께 투정해요…

그리고 성령님은 또 말씀해 주셨습니다.

"아이가 아이를 키우려 하니 너무 힘들구나!

그 말에 나는 다시금 깊이 고개를 끄덕였습니다. 목사님은 영적으로 아직 어린아이였습니다. 그런데 그 아이가 스스로 어른인 척, 영적인 책임을 떠안고 무거운 짐을 지려 했던 것입니다. 할 수 없는 일을 하려니 눌리고, 지치고, 결국 숨조차 쉴 수 없었던 것이었습니다.

그리고 또 성령님은 이렇게 말씀하셨습니다.

"네가 투정 부리는 것이 나는 너무 사랑스럽단다."

얼마나 따뜻하고 위로되는 말씀입니까. 성령님은 우리의 투정조차도 받아주시는 자상한 아버지이십니다. 오히려 투정하지 않고 억누르고 있을 때가, 영혼이 더 아픈 상태라고 하셨습니다.

그렇게 한참을 울고 기도하며, 목사님의 영혼은 점점 숨을 쉬기 시작했습니다. 눈에 보이진 않았지만, 분명히 짐이 내려가는 것 같은 영적인 해방감이 느껴졌습니다.

기도가 끝난 후 목사님의 얼굴엔 평안이 찾아왔습니다. 그리고 성령님께서는 마지막으로 이렇게 말씀하셨습니다.

"네가 하는 것이 아니라, 내가 하는 것이다. 너는 염려하지 마라. 모든 것을 내게 맡기라."

그 치유의 시간을 통해 나 또한 다시 한 번 깨달았습니다. 우리는 종종 우리 힘으로 무엇인가를 하려 하다가 눌리고, 지치고, 결국 주님께 나아가지 못합니다. 그러나 짐을 내려놓고 주님께 맡길 때, 비로소 영혼은 숨을 쉬게 됩니다.
그리고 그때 주님은 말씀하십니다.

"수고하고 무거운 짐 진 자들아 다 내게로 오라, 내가 너희를 쉬게 하리라." (마 11:28)

7. 어떤 사모님을 내적치유하다

한국교회부흥운동본부에서 함께 사역하고 계시는 어느 사모님께서 상담을 요청해 오셨습니다. 이유는 단 하나, 왜 나는 이렇게도 영이 열리지 않을까요? 하는 간절한 질문이었습니다. 그 안타까움과 답답함이 얼마나 깊었던지, 목소리 너머로도 느껴질 정도였습니다.

나는 먼저 성령님께 기도하며 여쭈었습니다.

성령님, 이 사모님과 상담을 하려 하는데, 무엇을 이야기해야 할까요? 그때 성령님께서 주신 말씀은 뜻밖이었습니다.

"그가 굳어지게 된 것은, 나에게 한 서원을 갚지 않았기 때문이다."

순간 당황스러웠습니다. 치유를 위한 첫 상담에서 긍정적인 격려보다 이렇게 날카로운 영적 진단이 주어졌다는 것은 조금 낯설기도 했습니다. 그러나 나는 성령님의 말씀을 믿고 그대로 따르기로 했습니다.
사모님과 통화를 시작하며 자연스럽게 이런 저런 이야기를 나누다 조심스럽게 여쭈었습니다.

사모님, 혹시 하나님께 서원하신 적 있으세요?
잠시 침묵이 흐른 후 사모님은 작게 대답하셨습니다.
네… 있습니다.
나는 성령님의 말씀을 전했습니다.

"하나님께서 그 서원을 갚기를 원하고 계세요."

그리고 계속해서 성령님은 말씀해 주셨습니다. 사모님의 마음이 굳어진 진짜 이유는 하나님을 사랑하는 감정보다 하나님에 대한 거부가 더 크기 때문이라는 것이었습니다. 그 거부는 어릴 적 부모님으로부터 받은 상처에서 비롯된 것이고, 부모를 향한 거부가 하나님께로 향하게 된 것이었습니다.

'그 상처를 통해 악한 자가 틈을 타고 들어왔고, 슬픔의 영과 거부의 영이 그 틈에 자리 잡고 있었어요.'

사모님은 영적인 이해가 있으신 분이었기에 나는 악한 영의 존재까지 솔직히 말씀드릴 수 있었습니다.

기도를 하기 위해 성령님께 다시 여쭸을 때, 이번에는 함께 방언기도를 하라고 말씀하셨습니다. 그래서 사모님께 함께 기도하자고 말씀드렸습니다. 하지만 사모님은 방언이 잘 되지 않는다고 하셨습니다. 그럼에도 우리는 함께 기도하기 시작했습니다.

그런데 이상하게도, 기도를 시작하자마자 내 영혼이 갑자기 숨이 막히고, 온 몸이 조여 오는 것 같은 답답함이 밀려왔습니다. 그것은 사모님의 영의 상태를 성령님께서 내게 느끼게 해주신 것이었습니다. 그 굳어진 마음, 눌려있는 영, 그리고 기도를 막고 있는 어둠의 권세가 그대로 전해졌습니다.

기도가 깊어질수록 더 숨이 막혔고, 결국 나는 다시 성령님께 여쭈었습니다.

성령님, 어떻게 해야 이 영의 묶임이 풀릴 수 있을까요?
성령님의 응답은 간단했습니다.

"방언을 멈추고 '주여!'를 외치게 하라."

그래서 나는 사모님께 사모님, 지금부터 '주여~'를 외쳐보세요 라고 권했습니다. 사모님은 순종하셨지만 여전히 그 답답함은 쉽사리 풀리지 않았습니다.

다시 한 번 성령님께 여쭈었더니 이번에는 이렇게 말씀하셨습니다.

"'악!' 하고 소리를 질러보게 하라."

조금 낯선 지시였지만 나는 그대로 전했습니다. 사모님은 망설이다가 결국 '악~' 하고 소리를 지르기 시작하셨습니다. 그러자 놀라운 일이 일어났습니다. 가래가 나오고 기침이 터져 나왔습니다. 마치 가슴속에 눌려 있던 응어리들이 하나하나 밀려 나오는 것 같았습니다.

굳은 마음이 풀어지고 있었습니다.

기도가 계속되자 성령님은 내게 또 말씀하셨습니다.

"내가 너를 찾았다… 내가 너를 찾았다…"

그 음성이 내 안에 울려 퍼지는 순간, 사모님도 함께 울기 시작하셨습니다. 나는 성령님의 인도하심에 따라, 사모님의 영혼이 외치고 있는 말을 대신 입으로 고백하기 시작했습니다.

하나님, 제가 얼마나 주님을 찾았는지 아세요…? 얼마나 찾았는지요…?

그 고백이 나오는 순간, 사모님의 눌렸던 영이 풀어지기 시작했습니다. 한참을 함께 울며 기도한 후, 사모님은 조용히 말씀하셨습니다.

저, 이렇게 우는 것도 오랜만이에요…. 눈물 흘리는 게 이렇게 어려운 줄 몰랐어요.

그 말을 들으며 나는 알 수 있었습니다. 굳은 마음이란, 눈물을 흘리지 못하는 마음이라는 것을. 눈물이 회복된다는 것은 마음이 녹고 있다는 증거였습니다.

성령님은 말씀하셨습니다.

"또 새 영을 너희 속에 두고 새 마음을 너희에게 주되, 너희 육신에서 굳은 마음을 제거하고 부드러운 마음을 줄 것이며"(겔 36:26).

그날의 내적치유를 통해 나는 다시 한 번 깨달았습니다. 굳은 마음이 있을 땐 성령의 기름부음도 들어갈 수 없습니다. 치유는 단순한 정서적 회복이 아닌, 영의 통로를 여는 작업입니다.

그리고 하나님은 그 굳은 마음을 눈물로 녹이시며, 다시 영혼 깊숙한 곳에 새 영을 부어주시는 분이심을 경험했습니다.

할렐루야!

치유하시고 역사하시는 하나님을 찬양합니다.

8. 중언부언 하지 말라 하신다 (J 목사님과 상담)

내적 치유의 시간이 깊어질수록, 저는 점점 더 많은 진리를 깨닫게 되었습니다. 어느 날, J 목사님을 위해 기도하는데 하나님께서 강렬한 환상을 보여주셨습니다. 목사님 안에서 검은 연기가 소용돌이치며 그분을 감싸고 있었습니다. 그것은 단순한 이미지가 아니었습니다. 그분의 영혼이 어둠에 사로잡혀 있음을 하나님께서 경고하고 계셨습니다. 제 마음은 급해졌고, 즉시 목사님께 연락을 시도했습니다.

상담이 예정된 날, 이상한 일이 벌어졌습니다. 전화가 연결되지 않았습니다. 겨우 연결이 되더라도 소리는 끊어지고, 잡음이 심하게 섞였습니다. 마치 무언가가 강제로 소통을 차단하려는 듯했습니다. 하지만 다른 사람들과는 문제없이 통화할 수 있었습니다. 분명한 영적 방해였습니다. 저는 더욱 기도하며 포기하지 않고 다시 연결을 시도했습니다. 결국, 하나님의 도우심으로 목사님과 통화할 수 있었습니다.

목사님, 하루에 기도를 얼마나 하세요?
많이 기도하시죠?

목사님은 자신 있게 대답하셨습니다.

네, 하루에 4시간씩 방언으로 기도합니다.
그러나 이어진 말씀은 뜻밖이었습니다.

그런데 이상하게도 영적인 체험이 거의 없습니다. 그리고 기도할 때마다 졸음이 쏟아집니다.

그 순간 성령님께서 깨닫게 해주셨습니다. 목사님은 기도하고 계셨지만, 중요한 요소를 놓치고 있었습니다. 저는 조심스럽게 여쭈었습니다.
혹시 기도하실 때 보혈을 선포하십니까?
목사님은 잠시 침묵하시더니 조용히 답하셨습니다.
아니요. 그냥 방언 기도만 합니다.

그 순간 모든 것이 명확해졌습니다. 성령님께서는 제게 말씀하셨습니다.

"보혈 없이 기도하면 영적 전쟁에서 방패 없이 싸우는 것과 같다. 또한, 기도에 집중하지 않으면 악한 세력의 공격을 받기 쉽다.

저는 목사님께 말씀드렸습니다.

오랜 시간 기도하는 것도 중요하지만, 더욱 중요한 것은 기도에 집중하는 것입니다. 그리고 기도할 때 보혈을 선포해야 합니다. 예수님의 보혈이 우리를 보호하는 방패가 되기 때문입니다.
그러면서 성경 말씀을 전해드렸습니다.

"또 기도할 때 이방인과 같이 중언부언하지 말라. 그들은 말을 많이 하여야 들으실 줄 생각하느니라. 그러므로 그들을 본받지 말라. 구하기 전에 너희에게 있어야 할 것을 하나님 너희 아버지께서 아시느니라"(마 6:7-8).

목사님은 깊이 생각에 잠기셨습니다. 저는 계속해서 중언부언하는 기도의 위험성을 설명해 드렸습니다.

중언부언 기도는 하나님과의 관계를 깊게 만들지 못하고, 오히려 악한 세력에게 틈을 줍니다. 기도는 단순히 시간을 채우는 것이 아니라, 하나님과의 진정한 교제여야 합니다.

그 순간, 목사님께서 한숨을 내쉬며 고개를 끄덕이셨습니다.

이제야 알겠습니다. 앞으로는 보혈을 선포하며, 집중하여 기도하겠습니다.

그날 상담을 마치며 저는 다시금 깨달았습니다. 기도는 단순한 행위가 아니라 영적 전쟁이며, 보혈을 의지하지 않는 기도는 무방비 상태로 적진에 뛰어드는 것과 같다는 것을. 또한, 하나님께서는 형식적인 기도를 원하지 않으시며, 마음과 영이 깨어 있는 기도를 기뻐하신다는 것을 말입니다.

"주께서 말씀하시기를, 이 백성이 입술로는 나를 가까이하고 입으로는 나를 존경하나, 그들의 마음은 내게서 멀리 떠났고, 그들이 나를 경외하는 것은 사람의 계명으로 배운 것뿐이다"(사 29:13).

9. 귀신이 쫓겨 나가다 (H 집사님 축사)

H 집사님은 간질병을 앓고 계신 분이셨습니다. 그래서 악한 영이 자신을 넘어뜨린다는 사실을 알고 계셨습니다. 그 질병으로 인해 영적인 것을 더욱 사모하며, 기도에 열심을 내셨습니다. 하지만 심한 스트레스를 받거나 힘들고 피곤할 때마다 간질로 쓰러지셨습니다.

그러던 중 저희 부부를 만나 훈련을 받기 시작하셨습니다. 기도 가운데 음성이 열리고, 환상을 보기 시작하며 믿음으로 따라오셨고, 훈련을 성실히 받으셨습니다. 또한 신학을 공부하며 주님을 위해 헌신하는 삶을 사셨습니다.

집사님께서 저와 함께 훈련을 받은 지 거의 1년이 되어갈 무렵, 어느 날 새벽, 다급한 전화가 걸려왔습니다.
집사님, 무슨 일이세요?
목사님, 지금 제 안에 있는 악한 영이 드러났어요. 기도해 주세요.

너무도 다급한 목소리였습니다. 한국에서 걸려온 전화 속에서 집사님은 신음하며 힘겹게 말씀하셨습니다. 저는 즉시 성령님께 여쭈었습니다.

성령님, 어떻게 해야 할까요?
그때 성령님께서 말씀하셨습니다.

"방언으로 강하게 기도하라."

저는 집사님께 조용히 말했습니다.
집사님, 함께 기도합시다. 성령님께서 방언으로 기도하라고 하십니다.

그렇게 함께 기도를 시작했습니다. 5분쯤 지났을 때, 갑자기 집사님께서 아기 같은 목소리로 말하기 시작하셨습니다.
싫어, 싫어! 안 나가! 안 나가! 싫어, 싫어!
악한 영이 드러난 것이었습니다. 성령님께서 저에게 알려주셨습니다.
'이 영은 집사님이 어렸을 때 받은 상처로 인해 들어왔다.'

그 사실을 깨닫고 저는 더욱 강하게 기도하기 시작했습니다. 그리고 집사님께 말했습니다.
집사님, 더 강하게 기도하세요! 힘을 내세요!

집사님과 저는 더욱 강하게 기도하기 시작했습니다. 기도하는 동안 환상이 보였습니다. 악한 영이 필사적으로 버티고 있었습니다. 마치 엉덩이를 바닥에 단단히 붙이고 절대 나가지 않겠다고 버티는 모습이었습니다. 하지만 저는 멈추지 않고 축사 방언으로 더욱 강하게 기도했습니다. 그러자 악한 영이 점점 힘을 잃어가는 것이 보였습니다.

그때 집사님께서 말씀하셨습니다.
목사님! 저도 보여요. 악한 영이 약해지고 있어요!

그렇게 10분쯤 더 기도했을 때, 갑자기 '아~~!' 하는 비명이 터져 나왔습니다. 저는 그 순간, 악한 영이 전화를 타고 제 몸을 스치며 빠져나가는 것을 느꼈습니다.

그때 집사님께서 감격에 찬 목소리로 외치셨습니다.
목사님! 이제 됐어요! 나갔어요!
집사님, 정말 보이세요?
네, 목사님! 제 안에 있던 악한 영이 완전히 나갔어요!

그 순간, 우리는 함께 울며 기뻐했습니다. 집사님은 거듭 감사의 인사를 전하셨습니다.
목사님, 너무 감사합니다.
나갔어요, 나갔어요!
정말 감사합니다!

그동안 집사님을 괴롭혔던 간질의 영이 기도를 통해 떠나간 것이었습니다.

이 치유를 통해 하나님께서는 저에게 중요한 것을 깨닫게 하셨습니다. 방언 기도를 통해 강력한 축귀가 일어날 수 있다는 것, 그리고 하나님께서는 시공간을 초월하여 역사하신다는 것이었습니다. 그날 밤, 우리는 하나님의 능력을 온몸으로 체험하는 귀한 시간을 가졌습니다.

"내 아들아 내 말에 주의하며 내가 말하는 것에 네 귀를 기울이라. 그것을 네 눈에서 떠나게 하지 말며 네 마음속에 지키라. 그것은 얻는 자에게 생명이 되며 그의 온 육체의 건강이 됨이니라"(잠 4:20-22).

10. E 목사님의 내적치유

성령님, E 목사님의 상처를 보여주십시오.

그 순간, 성령님께서 한 장면을 보여주셨습니다. 어린 E 목사님이 아버지의 등에 업혀 흐느껴 우는 모습이었습니다.

성령님께 여쭈니, 어린 시절 아버지로 인해 깊은 상처를 받았다고 하셨습니다. 저는 성령님께서 보여주신 이 장면을 E 목사님께 조심스럽게 여쭈었습니다.

목사님, 혹시 아버지와 사이가 좋으신가요? 성령님께서 아버지에 대한 상처를 보여주셨습니다.

그러자 목사님께서는 당황한 듯 말씀하셨습니다.

아니요, 저는 아버지와 사이가 정말 좋습니다. 아버지랑 얼마나 친한데요.

예상과 다른 반응에 저는 순간 당혹스러웠습니다. 혹시 내가 잘못 본 것일까? 다시 성령님께 여쭈었습니다.

성령님, 제가 잘못 본 것인가요?

그러자 성령님께서 단호히 말씀하셨습니다.

"아니다. 네가 본 것이 맞다."

하지만 목사님이 아니라 하시니 더 이상 말을 잇지 못했습니다. 그렇게 며칠이 흘렀습니다.

얼마 후, 목사님께서 저에게 개인적으로 전화를 걸어오셨습니다.
목사님, 제 마음이 너무 답답해요. 뭔가 막혀 있는 것 같습니다.
저는 즉시 제안했습니다.
목사님, 우리 함께 방언으로 기도해 봅시다.
기도를 시작하자, 성령님께서 또 다른 환상을 보여주셨습니다.

여러 아이들이 모여 있고, 그들 사이에 목사님의 아버지가 서 계셨습니다. 그런데 어린 E 목사님은 그 무리 속에 들어가지 못한 채, 멀리서 아버지를 애타게 바라보고 있었습니다.

저는 이 장면을 목사님께 전했습니다.
그러자 목사님께서 잠시 침묵하시더니, 떨리는 목소리로 말씀하셨습니다.

맞아요, 목사님. 제 아버지는 고아들을 돌보시는 일을 하셨습니다. 저는 늘 아버지가 저 아이들만 사랑하고, 저는 사랑하지 않는다고 느꼈습니다. 아버지가 고아들만 돌봐주시고, 저는 외면하셨다는 생각에 상처를 받았던 기억이 납니다.

그제야 저는 성령님께서 보여주신 것이 무엇이었는지 확신할 수 있었습니다.

성령님께서는 계속 기도하라고 하셨습니다.
저는 목사님과 함께 기도를 이어갔습니다.
그때, 목사님의 영혼이 깊이 오열하는 모습이 보였습니다. 그 아픔이 나에게까지 밀려왔고, 나도 모르게 먼저 오열하기 시작했습니다. 내 울음소리가 터져 나오자, 목사님도 함께 통곡하기 시작했습니다.

두 사람의 눈물은 끝없이 흘렀고, 마치 얼어붙었던 시간이 녹아내리듯 깊은 치유가 일어나고 있었습니다.
얼마나 울었을까. 성령님께서 조용히 말씀하셨습니다.

"이제 되었다."

그렇게 우리는 기도를 마무리했습니다.
목사님께서는 깊이 숨을 내쉬며 말씀하셨습니다.
목사님, 너무 시원합니다. 마음이 이렇게 편안한 건 처음이에요.
그리고는 감격한 듯 덧붙이셨습니다.

저는 아버지에 대한 상처가 있는 줄도 몰랐습니다. 그런데 오늘 깨닫게 되었네요. 그리고 이제는 아버지를 온전히 용서할 수 있을 것 같습니다.

이 치유를 통해 저는 다시 한 번 성령님의 인도하심을 신뢰하게 되었습니다. 또한, 사람은 스스로 자신의 상처를 모를 수도 있다는 것을 깨달았습니다. 하지만 하나님께서는 우리가 인식하지 못하는 깊은 상처까지도 드러내시고, 치유해 주시는 분이심을 경험하게 되었습니다.

"친히 나무에 달려 그 몸으로 우리 죄를 담당하셨으니 이는 우리로 죄에 대하여 죽고 의에 대하여 살게 하려 하심이라 그가 채찍에 맞음으로 너희는 나음을 얻었나니"(벧전 2:24).

성령의 불을 받은 60일 영성일기

펴낸날	1판 1쇄 2025년 04월 30일
지은이	이안나
펴낸이	이환호
편집자	민상기
펴낸곳	도서출판 예찬사
등 록	1979. 1. 16 제 2018-000103
주 소	경기도 고양시 덕양구 중앙로 557번길 8-9. 엠앤지프라자 407-2호
전 화	02-798-0147-8
팩시밀리	031-979-0145
블러그	blog.naver.com/yechansa
전자우편	octo0691@naver.com
ISBN	978-89-7439-527-8 03230

저자와의 협약에 따라 인지를 생략합니다.
좋은 책은 좋은 사람을 만듭니다.
예찬사는 기독교 출판 실천윤리강령을 준수합니다.